书山有路勤为径,优质资源伴你行
注册世纪波学院会员,享精品图书增值服务

敏捷绩效改进

张劭华 叶韬·著

AHPI

电子工业出版社
Publishing House of Electronics Industry
北京·BEIJING

未经许可，不得以任何方式复制或抄袭本书之部分或全部内容。
版权所有，侵权必究。

图书在版编目（CIP）数据

敏捷绩效改进 / 张劭华，叶韬著 . —北京：电子工业出版社，2022.9
ISBN 978-7-121-44138-7

Ⅰ. ①敏… Ⅱ. ①张… ②叶… Ⅲ. ①企业绩效－企业管理 Ⅳ. ① F272.5

中国版本图书馆 CIP 数据核字（2022）第 148214 号

责任编辑：杨洪军　　特约编辑：王　璐
印　　刷：三河市鑫金马印装有限公司
装　　订：三河市鑫金马印装有限公司
出版发行：电子工业出版社
　　　　　北京市海淀区万寿路173信箱　　邮编100036
开　　本：720×1000　1/16　　印张：12　字数：173千字
版　　次：2022年9月第1版
印　　次：2022年9月第1次印刷
定　　价：59.00元

凡所购买电子工业出版社图书有缺损问题，请向购买书店调换。若书店售缺，请与本社发行部联系，联系及邮购电话：（010）88254888，88258888。
质量投诉请发邮件至zlts@phei.com.cn，盗版侵权举报请发邮件至dbqq@phei.com.cn。
本书咨询联系方式：（010）88254199，sjb@phei.com.cn。

此书献给诺和诺德销售培训团队!

序

和劲华老师初识在2013年，我受邀为劲华老师的团队讲了第一堂"绩效改进"课程。当时，劲华老师和他的团队对于绩效改进还处于探索阶段，但经过了近10年的深度实践并开展了多个具有突出成果的绩效改进项目和敏捷绩效改进项目后，他们不仅成为中国绩效改进道路上的同道人，更是添砖者，带给广大绩效改进工作者许多宝贵的、可供借鉴的专业实践经验。

这一次，劲华老师邀请我为本书作序，我非常乐意，也颇感荣幸。多年来，中国绩效改进一直缺少企业内部持续、深度实践方面的书籍，这本书恰好可以填补这片空白。借此机会，我拜读了这本书，品味之余，我对敏捷绩效改进也有了新的想法和认识。

首先来谈一谈书名。"敏捷绩效改进"，这是劲华老师提出的一个新概念，也是在新型冠状病毒肺炎（以下简称新冠肺炎）疫情防控成为常态的大环境下，由线上培训教学、办公催生出来的。绩效改进，是指在不增加资源的前提下提升业绩。这是一个改变的过程，是劲华老师团队在组织中持续、深入实践后的产物，更是一个厚积薄发的过程。敏捷绩效改进捕捉到了公司绩效改进中对"效率""见效"要求高的需求，不建空中楼阁，不"画大饼"，而是快、准、狠地抓住具体环境中的关键因素，实现组织绩效改进的预期目标。这种方法在短期内就能看见成效，并在保证效果的同时进一步追求效率，正是我们期望的绩效改进的一个未来发展方向。

本书运用大量事例翔实地分析了为什么需要敏捷绩效改进，敏捷绩效改进是什么，怎样做才能更迅速地掌握敏捷绩效改进的方法，聚焦于具体情境，在小的要点上对绩效改进进行了突破。其中最重要的一点就是对优秀员工的成功经验或具体项目中的关键指标（先导指标），即本书中所述的"关键动作"的确认。这种关键动作不仅是后续进行规模复制、达成组织共识的基础要素，也是敏捷绩效改进"知行合一"双环模型™中由"知"向"行"转化的连接点。确认关键动作的要旨有3个：它应该存在于项目过程中，对项目结果具有一定的预见性，以及它必须是一个可控的因素。

本书是劲华老师及其团队多年实践经验的积累、归纳和整理，同时也是他们真正"知行合一"的理论精华。本书的出版，源于两个关键词：信念和坚持。信念是指劲华老师对绩效改进始终如一的信任，他秉持着绩效改进能够提升效率、降低成本的理念，坚定地在绩效改进的道路上不断探索。坚持是指劲华老师一天天、一年年不懈地去实践、试错、纠正、总结，从局部摸索整体，再从整体快速抓住关键，这必然是一个艰难的过程。然而，正是这种艰难，才更加突显了这份坚持的可贵。有信念无坚持者为空想家，有坚持无信念者为鲁莽者，只有两者兼备，才是实干家。本书旨在使广大绩效改进学习者以更加敏捷的姿态参与并坚持探究绩效改进，做情怀满满的绩效改进人。

易虹

前言

2012年，我偶然翻到威廉·J.罗思韦尔写的《员工绩效改进》一书，看完之后我的第一反应是：这就是做培训的最高境界，也是培训的尽头！我当时非常兴奋地把这本书中的一章"将培训部门转变成为HPI部门"做成PPT讲给部门所有的同事听。虽然书中细致地介绍了从传统的培训部门转变成为HPI部门的10个步骤，但同事们依旧不知道如何在现实工作中迈出下一步。我依然记得当时我在台上兴奋的心情和大家听得一头雾水的模样。

这就是我近10年全身心投入绩效改进的启蒙时刻。回看当时，我只知道前进的方向，对于如何到达目的地一无所知。尽管如此，我依然坚定地走上了绩效改进的探索之路。

过去10年，我们不断学习和实践，在组织中尝试各种绩效改进的模型和工具，实操过上百个绩效改进项目，失败过，也成功过。我们获得过绩效改进的最高奖项——由国际绩效改进协会颁发的"国际杰出绩效干预大奖"，而且连续4年获得"绩效改进最佳实践奖"。在不断的实践中，我们团队也培养了国内一批优秀的绩效改进顾问。对绩效改进实践的坚持，不仅让我们收获了工作成果，也使培训团队的思维和工作模式发生了脱胎换骨的变化。

第一，从线性思维转变为系统思维。

赋能组织提升绩效是企业内部培训团队的立身之本，但过去的培训手段过于单一。大家都知道，影响绩效的因素有很多，培训只是改进绩效的方法之一，很难说开展一次课程或一次培训就能提升员工的最终绩效。现在的我一改过去竭尽全力去证明课堂带来的业绩改变，转而跳出狭隘的培训专家视角，整合更多的干预手段，系统地帮助内部客户改善绩效。经常有人问我，这些年实践绩效改进最大的收获什么？我的答案是：从线性思维转变成了系统思维。

第二，从关注技能转变为关注成果。

培训通常聚焦在知识和技能的提升上，寄希望于技能提升带来行为的转变，最终带来绩效的变化。因自身工作对业绩成果的直接影响有限，"师傅领进门，修行在个人"就成了培训师常见的感慨。而多年来持续的绩效改进实践让我的关注点转向了业务成果和绩效行为，这一转变不仅带来了绩效改进项目的成功，也使我对传统培训项目有了全新的理解，不再只关注技能的提升，而是更加关注成果的达成。

第三，从学习内容提供者转变为学习平台搭建者。

企业的快速发展与外部环境不确定性的增加，使得培训师很难快速掌握有关业务问题的最新、最好的解法，只有组织内的绩优人员才可能成为有价值的学习内容提供者。培训师不再凭借过去的业务经验传递学习内容，而是转换为学习平台搭建者，创造机会和场域，让学习者探讨、模仿、演练、实践和获得反馈，从而产生行为和绩效改变。

随着绩效改进实践经验的积累，很多同行也愿意与我和我的团队交流相关见解，我们经常被问到这样的问题：

"照着书本实践绩效改进项目，过程有点复杂，能更简单些吗？"

"一个成功的绩效改进项目能快速在其他团队中复制吗？"

前言

"现在的业绩压力越来越大,绩效改进项目中出成果的时间是否能再缩短一些?"

"绩效改进项目如何能在一个业务团队中持续下去?业务管理者能否自己开展绩效改进项目或持续改进?"

经过多年的摸索、碰壁,我们成功地解决了上述问题和困惑,并总结了敏捷绩效改进的方法,最终提炼出"知行合一"双环模型™。这个模型可以说是"从土里长出来的东西",一方面是因为它的诞生100%来源于实践归纳,具有很强的实操性;另一方面是因为它不仅吸收了西方绩效改进的思想,也借鉴和融合了东方的本土哲学理念。

自2019年年底新冠肺炎疫情爆发以来,我们在组织内部开展了超过100场敏捷绩效改进项目。这些纯线上的、轻量级的敏捷绩效改进项目,几乎都取得了明确的业务成果。我们甚至发现,通过"技控"的方式,成功降低了做绩效改进项目的门槛:资历很浅的培训顾问(上岗1~2个月)同样能取得优异的成果,完全打破了"只有经验丰富的顾问才能开展绩效改进项目"的魔咒。更令人惊喜的是,绩效改进项目结束后,"指挥棒"可以顺利交给业务管理者,他们继续运营甚至独立开展绩效改进项目都不是问题。

多年前,我与《绩效改进》季刊副主编付庆波教授探讨绩效改进,我非常认同他的观点:绩效改进的终极目标就是"管理者都会做绩效改进"。以此观之,我们团队可以说初步实现了绩效改进的终极目标。

或许我们已经在绩效改进的征途上闯出了一条独有的、效果显著且稳定的成功之路。这也是我们这群实干者愿意跳出"做事"的舒适区,去深入总结理论并付诸笔端的缘由。

本书第1章探讨了绩效改进学习者的常见挑战;第2~7章阐述了"知行合一"双环模型™中的6个核心步骤;第8章介绍了敏捷绩效改进项目实

施流程；第9章分享了敏捷绩效改进的实践反思；第10章讲述了敏捷绩效改进如何在4个方面为管理赋能，以及如何实现运营交付。

希望借助本书的指引，广大绩效改进学习者能够更敏捷、更简便、更成功地开始一场绩效改进之旅。

感谢国际绩效改进协会中国区主席易虹老师多年的专业指引；感谢中国人民大学工商管理系冯云霞教授的反馈与建议；感谢电子工业出版社晋晶老师为本书出版所做的专业工作。

最后，我要特别感谢王淑红女士的持续鼓励和信任，为我们实践敏捷绩效改进提供了肥沃的土壤与良好的氛围。

张劲华

目 录

第 1 章 为什么需要更敏捷的绩效改进　001
绩效改进技术发展现状　002
绩效改进顾问访谈实录　003
绩效改进的常见误区和实践挑战　008
什么是敏捷绩效改进　013
敏捷绩效改进的"知行合一"双环模型™　017

第 2 章 聚焦业务场景　022
把大象装进冰箱：基层绩效改进者的宏观难题　023
业务场景细分的4个维度　025
聚焦业务场景的应用案例　029
具体业务场景下的绩效目标设定　032

第 3 章 测量行为差距　038
找问题原因还是找行为亮点　039
找亮点与积极心理学　042
关键绩效人行为调查　044
一般绩效人行为调查　054

第4章 梳理关键动作 060

什么是关键动作　　　　　　　　　　　　　061

神奇丰富的关键动作　　　　　　　　　　　061

关键动作的书写标准　　　　　　　　　　　072

关键动作的分类归纳　　　　　　　　　　　073

使用亲和图　　　　　　　　　　　　　　　076

第5章 追踪行为记录 079

关键动作和业务成果之间还有什么指标　　　080

终点问题节点化　　　　　　　　　　　　　081

节点问题层级化　　　　　　　　　　　　　082

层级问题客观化　　　　　　　　　　　　　085

客观问题数据化　　　　　　　　　　　　　087

追踪行为记录的问卷设计技巧　　　　　　　088

第6章 对照行为-成果 092

对照行为-成果的意义　　　　　　　　　　　093

飞不回来的轰炸机不会说话　　　　　　　　094

4种行为-成果评估方法　　　　　　　　　　096

数据会诊工作坊　　　　　　　　　　　　　109

数据分析的标准化封装　　　　　　　　　　110

第7章 优化行为质量 114

刻意练习在敏捷项目中效果惊人　　　　　　115

刻意练习在内是心理表征，在外是关键动作　117

刻意练习的典型特征对敏捷绩效改进的启示　118

刻意练习是有效的努力 　　121

兼顾业务成果与学习成果 　　123

第8章　敏捷绩效改进实施指南　　125

敏捷绩效改进的实施框架 　　126

共鸣、共识、共行、共赢 　　130

每日打卡制度 　　140

导师制的建立与每日复盘 　　142

每周工作坊 　　144

第9章　敏捷绩效改进项目运营Q&A　　147

对话1：为什么是21天 　　148

对话2：霍桑效应是敌还是友 　　151

对话3：数据只是魔术师的障眼法吗 　　153

对话4：以"吉尔伯特之眼"看21天敏捷绩效改进方案 　　156

对话5：21天项目实施的团队能力要求 　　158

第10章　敏捷绩效改进的规模复制与管理赋能　　161

规模复制和管理赋能的3个任务 　　162

托管—共管—协管—自运营的项目交付 　　163

规模复制和管理赋能的两个瓶颈 　　165

管理思维的系统化 　　167

管理实践的场景化、数据化和训战化 　　171

后记　　176

第 1 章

为什么需要更敏捷的绩效改进

绩效改进技术发展现状

这些年，绩效改进的话题在中国企业人力资源领域持续火热，2018年美国人才发展协会（Association for Talent Development, ATD）中国峰会现场的一项调研足以说明它受人力资源（Human Resources, HR）和培训从业者重视的程度。绩效改进力压"变革管理""整合型人才管理"等主题，成为与会者认为对组织最重要，同时也是他们能力差距最大的一个方面（见图1-1）。

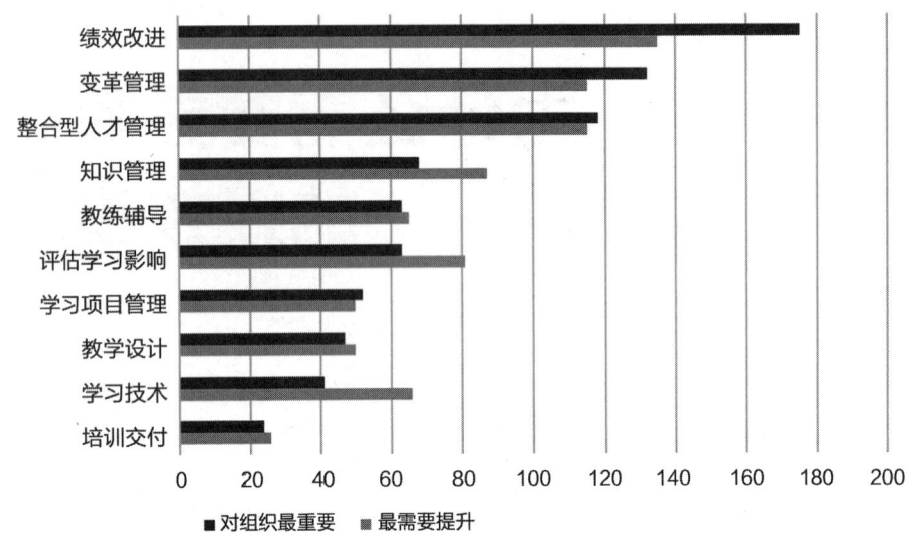

图 1-1 绩效改进越来越受关注

资料来源：ATD 2018年中国峰会现场调研。

在新技术、新概念层出不穷的时代，绩效改进之所以能成为企业HR和培训领域持续火热的话题，不仅是因为其具有热门话题属性，更是因为它始终指向企业HR和培训从业者最关心的，赋能业务、提升绩效的终极目标。

自绩效改进技术被正式引入中国以来，越来越多的同行开始关注、学习并实践绩效改进，我在各种学习场合都听到过非常多的成功案例分享，也听到过不少绩效改进学习者的困惑和挑战。

绩效改进顾问访谈实录

那么，绩效改进学习者到底会遇到哪些困惑和挑战呢？人们常说，世界上最远的距离就是头和脚之间的距离，从"知"到"行"是学习最大的跨越。绩效改进学习也是一样的，理论无论有多难懂，终有掌握的那一刻，但当人们用理论去理解和面对现实时，总会遇到各种挑战，使得初学者或踌躇不前，或半途而废，或黯然收尾。

为此，我专门访谈并采集了不同行业绩效改进顾问在组织内实践绩效改进时遇到的一些困惑和挑战，我将最典型的几个访谈片段节录如下。

访谈1：艰难启动的"处子秀"

访谈对象：Y女士，某企业培训负责人，学习绩效改进至今已有5年多，实践过几次绩效改进项目。

我："在初学阶段，对你来说最大的挑战是什么？"

Y女士："最大的挑战当然是没有足够的影响力让业务部门领导者全力支持我。"

我："你能具体说一说吗？"

Y女士："你这么问，勾起了我当年做项目的心酸。我当时刚刚学完绩效改进课程，发现了一个非常重要的机会，于是专门设计了项目流程，并且设计得非常好，但是要想影响老板，太难了。"

我："具体难在哪里？"

Y女士："老板有刻板印象，觉得以往培训提供的都是很虚的东西，你突然跟他提出要改变业务成果，他不会信的，他也不理解什么是绩效改进系统，没时间关注细节。他的原话是这么说的：'一线经理和员工对我来说很重要，但是目前，我有更重要的事情要关注。你要做，我也不拦着，但如果效果没有你说的这样好，你就不要找我做这样的项目了。另外，我也没有钱，不要指望从我这里拿到钱……'"

我："这个老板说话挺直接的啊。你觉得导致他这么拒绝的原因是什么？是过去的培训没有做好吗？"

Y女士："我认为过去的培训做得不错，也正是过去培训积累的口碑让他勉强同意了这次尝试。只不过的确没有哪个培训项目曾对业务成果负责过，也没有测量过培训对业务成果的贡献。所以老板这么说，我也能够理解。我的项目覆盖7个省、市，所以必须层层游说，从总监层到经理层；影响他们也非常难，我们的业绩考核周期是两个月，我设计的项目时长是40天，他们觉得花将近一个半月的时间陪我做项目，非常不靠谱。前期的游说工作耗费了我大半精力。幸亏我做过销售，不服输，而且在公司也工作了很多年，他们多少会给我一点面子。"

我："那么当时你想过缩短项目时间吗？"

Y女士："怎么可能！绩效改进项目如果没有一定的周期，怎么能改变业务成果？"

我："听起来确实挺艰难的，如果你是一个新人，是不是在立项阶段就会失败？"

Y女士："嗯，那是肯定的。"

我："项目正式开始之后，过程顺利吗？"

Y女士："后面也难，但比一开始容易多了。到今年，我已经做到第5期了，越来越顺利。"

我："如果让你重新再来第一次，你会做什么改变呢？是沟通策略吗？"

Y女士："不，我会……缩小范围吧。首先，把覆盖面缩小，我不会再做覆盖省、市的项目了。其次，要解决的问题范围也要缩小一些，这样我面对的人、处理的事都会更简单一些，容易影响一些，结果也可以出得更快一些。"

访谈2：我有一套好技术，您要了解一下吗

访谈对象：S先生，某企业资深培训师，学习绩效改进已有两年，未实践过绩效改进项目。

我："这么多年，你没有想过尝试一次实践吗？"

S先生："想过，一开始想过要做，也和领导一起跟业务部门谈过一个项目，但不知道为什么领导建议我暂停了。再后来一忙一拖，也就不再敢说做绩效改进的事情了。我就记得这个课程中工具非常多，附录中有一大堆工具，实在是记不全。鱼骨图、优选矩阵什么的倒是很熟悉，我现在培训时也用，所以也没白学。"

我："除了你刚才说的那些工具，绩效改进对你的影响和帮助是什么？"

S先生："影响和帮助肯定有，最明显的就是我知道了培训只是影响绩效的因素中很小的一个，不会再像以前一样看待培训。"

我："以前是怎样的？"

S先生："以前我感觉没有什么业务问题是一场培训解决不了的，要是有，那就加一场。"（哈哈大笑）

我："这的确是一个重要的变化。"

S先生："不过这变化也有一个副作用：一开始业务部门领导给我们提培训需求时，我会问他：'你想解决什么问题？你觉得培训能解决这个问题吗？'这两个问题的确避免了很多不必要的培训。但后来换了一个业务部门领导，他总觉得我这么反问他是在推卸责任，所以后来我也不敢多问了。"（苦笑）

我："关于绩效改进，你未来有什么打算？"

S先生:"我还是想真正试一次,迈出第一步。我打算回一下炉,再向现在的业务部门领导普及一下绩效改进,一来消除误会,二来看看有没有机会实操。"

巧合的是,我也认识S先生两年前的直线领导。在对他的访谈中,他回忆了和S先生一起与业务部门领导谈项目时的情形。

S先生:"总监好!最近我们学习了一套绩效改进技术,能帮助业务部门直接提升绩效,您想了解一下吗?"

业务部门领导:"能直接帮助提升业务绩效当然好了,我了解一下吧!"

S先生:"这是培训教材,我向您介绍里面的内容吧!这是绩效改进模型……"(开始了现场授课)

业务部门领导:"这个内容看起来不错啊……"

S先生:"是的!我相信根据这些内容开展一个绩效改进项目一定能帮助咱们团队提升业绩。"

业务部门领导:"那你看看,我这边需要做点什么来配合培训部顺利开展这个项目?"

用这位直线经理的话说,就是S先生在没有找到业务痛点或机会的情况下,一上来就给业务部门领导讲解绩效改进的课程内容,这说明他在视角转换上还没有做好准备。而从业务部门领导的回应中,直线经理听到的是出于礼貌的"配合",而不是积极寻求合作。

于是,在几名培训师同时提交的立项选择中,业务部门领导建议S先生暂时放下绩效改进的计划。

访谈3:绩效诊断应该怎么做

访谈对象:Z女士,从事培训工作多年,自学绩效改进技术,近期开展了一个绩效改进项目,并亲自引导了绩效改进工作坊。

我："你的项目进行得怎么样了？"

Z女士："还行吧，刚刚做完前两次绩效诊断工作坊。"

我："启动项目有挑战吗？我访谈了几位同行，他们在第一次做绩效改进时，都遇到了挑战。"

Z女士："因为这个项目是培训部老板和业务部老板亲自定下来的样板项目，我们在启动过程中没有遇到什么挑战，都在全力以赴地完成执行方面的事情。我的挑战主要是前期的绩效诊断工作坊……"

我："能具体说说吗？"

Z女士："我学习理论的时候，对各种绩效诊断工具特别感兴趣，对于绩效改进理论中强调的'不要轻易跳到解决方案'的说法也非常认可。所以我在前期文档调查和工作坊中使用了不少经典的诊断工具，但是我自己感觉绩效诊断工作坊的收获没有期望的大。"

我："为什么这么说？"

Z女士："我花了两个下午，带领大家梳理绩效差距和寻找问题的根本原因。最后我们梳理出来的一些业务指标，如每日拜访客户数、产品准入率，都是一些我们平常考核和一直在抓的指标。我们花了很多时间捋出来的东西，似乎并没有超出我们的经验，我怀疑是不是自己没有用好这些诊断工具。"

我："为什么超出经验的发现对你来说这么重要？"

Z女士："花了大家那么多时间，我总觉得应该梳理出来一些我们以前没发现的问题才划算。"

我："你说梳理出来的都是你们平常考核和一直在抓的指标，那么你们有没有在工作坊中搞清楚日常管理到底是怎么抓的呢？这些问题有没有继续深入地探讨？"

Z女士："目前还没有，我们在前面已经花了很多精力，能达成现在的共识已经不容易了。"

我："你肯定听说过绩效的九变量模型，绩效的问题可能来自组织、流程、岗位三个层级，而每个层级又包含目标、设计、管理三个方面。我理解你现在的工作坊在目标和设计方面没有新的发现，你不妨在管理方面继续深挖一下。"

Z女士："那是否意味着我们公司出现的不少绩效差距问题，并不是因为没有好的流程标准，而是因为流程标准没有得到落实呢？"

我："对，这就是绩效改进的'最后一公里'问题，无论是诊断还是干预，都要落实到这一层，也就是明确期望员工做到的高绩效行为，并围绕这些高绩效行为塑造管理环境。"

绩效改进的常见误区和实践挑战

结合深度访谈和日常交流，我发现绩效改进初学者在以下几个方面存在一些误解和挑战。

绩效改进项目立项求全、求大、求新

一些绩效改进顾问试图从尽量大的业务范围去立项，用拉网的方式诊断绩效。在他们看来，业务问题都是诸多因素综合影响的结果，因此他们不得不对很多因素进行同时干预，只有这样才能体现多管齐下的系统性，才能一举解决问题。

同时干预这么多因素，需要跨部门合作，如果没有人帮助，绩效改进顾问会感觉力不从心，难以驾驭；如果寻求他人帮助，又不得不给跨部门同事介绍甚至培训绩效改进，以便对齐思想。甚至，仅在绩效诊断（目标现状分析—差距测量—原因分析）阶段，因为问题的复杂性，前几次工作坊就可能会让跨部门参与者精疲力竭……这些在绩效诊断阶段的实际问题都需要提前预防和处理。我在Y女士和Z女士最初的项目经验中都看到了难以驾驭大项目复杂性的挑战。

另一个立项上的误区是，初学者过早使用绩效改进技术介入全新业务的绩效提升。全新的业务模式，意味着目标有待澄清，指标尚需摸索，责权和流程可能正在形成，而且企业内外部的业务标杆比较稀缺。虽然新业务的改进并非绩效改进的"禁区"，但是对初学者来说，属于"深水区"，容易在新业务的立项上栽跟头。

求全、求大、求新，的确是绩效改进立项的一个误区。改变业务成果，不一定要进行全因素、全流程的梳理和干预。一定有一些办法能够让人们以精准的方式摘下第一颗"低垂的果实"。从小处着手的绩效改进项目，一样可以体现系统思维，而且它分析简单，能快速出成果，不失为一个初学者可驾驭的方向。

试图用讲道理或讲课的方式影响利益相关方

有培训背景的绩效顾问常有的思维习惯是，用旧的培训方式在组织内传播新的绩效改进思想。这种方式并非绝对不行，但用它来影响业务总监以上的角色往往难以奏效。

我经常听到培训师或绩效改进顾问谈及各行业的业务人员（特别是销售人员）的特点："完全的结果导向""实用主义""功利""对于概念性的、不能落地的东西没有兴趣"等。受到业务指标的压力，业务部门自然而然对带来实际效果的事物极为敏感，而不会对"听起来有道理"的理论那么感兴趣。培训师倾向于用说理的方式影响业务部门，一方面源于他们多年的职业习惯，他们期待用高深的理论为立项建议背书；另一方面是因为缺乏实践体验的初学者对理论框架的痴迷。很显然，此时的影响者和被影响者的视角是完全错位的。

所以说，影响业务管理者关注、支持和参与绩效改进的最有效方式，不是介绍先进的理念和严谨的逻辑，而是推荐成功的案例，最好是组织内成功的案例。

问题是，绩效改进尚未启动，又何来成功案例去说服关键人物接受绩效改进项目呢？这似乎成了一个悖论，该如何处理？

本书的建议是去寻找个体成功的案例，借着推广个体成功经验的旗号，做一场悄无声息的绩效改进。卓越的个体往往对工作任务和业务流程有自己独到的见解、灵活的适应性和创造性的改造，这些都可能在项目中触发对吉尔伯特行为工程学模型[1]中"上三层因素"（信息、资源、激励）的优化迭代。从基层实践归纳顶层设计，或许是绩效改进的另一种独辟蹊径的做法。

有志于实践的绩效改进顾问，不妨暂时放下对众多新概念的介绍冲动，采用业务方最熟悉的思维方式，推介一个提升业务成果的"学习项目"。或许业务团队根本没有听说过"绩效改进"，而一场实质性的绩效改进已经由你悄然拉开了帷幕。

只有把问题拆解透了，才能找到正确的解决方案

拆解问题是经典的还原思维方式：设目标，找差距，通过差距寻找问题的原因，只有解决掉原因才能产生期待的结果，实现既定的目标。

还原论的思维模式是，把绩效问题当成一个可以拆开的钟表，无论它的构造多么错综复杂，只要你有足够的耐心，就可以把钟表拆成零件，逐一校准和清洗，从而改善钟表的性能。

相对应地，或许还有另一种提升绩效的整体思维模式。它不深究绩效差距和产生差距的原因，而是把绩效系统当成一个黑箱。你只需要找到绩效行为的输入和绩效成果的输出之间存在的某种可以把握的关系，就可以试着把最高效的绩效行为输入这个"黑箱"，并期待提高输出的

---

[1] 行为工程学模型是由"绩效改进之父"托马斯·吉尔伯特提出的绩效诊断模型。通过这个模型，吉尔伯特清晰地指出了影响员工绩效表现的2个因素与6个层面，其中环境因素的3个层面包括"信息""资源""激励"，员工因素也有3个层面。吉尔伯特在该模型中将环境因素的3个层面置于员工因素的3个层面之上，故人们将这3个层面称为"上三层因素"。

绩效成果。

根据对行为和成果之间关系的理解，归纳、构建一个有效的"解释性框架"：行为-成果逻辑[1]。然后用行为-成果逻辑来解释、预测和干预绩效。

经过多年的绩效改进实践，我深知这样一个反常识的道理：问题剖析清楚了，未必能得到解决；问题没有剖析清楚，未必不能得到解决。

期待绩效改进的"特效药"

我访谈的Z女士作为某企业的内部培训师，在引导业务专家进行绩效诊断时，期待业务专家的经验贡献能产生超越她自身经验的洞察和启示。

当人们面对一个复杂的系统时，总有一种幻想：复杂的背后或许存在某种简单的规律，甚至有一个"特效按钮"，让人们能很快抓住"本质"，瓦解复杂。而实际上，系统论思维认为，在面对复杂系统时，避免线性思维，保持对复杂系统的谨慎观察，相比试图彻底破解和看透它，是一种更可取的务实态度。

期待对业务进行诊断梳理，从而产生全新的洞察甚至全新的"特效解法"，往往会让你失望。很多绩效改进项目并没有产生多少意想不到的解决方案，不过是把人们已知的某些见解和解决方案落地执行了。从个人知道到组织共识，从组织共识到执行到位，还有着千万里的路程等着你去跋涉。

前面谈及的"黑箱"处理法，就不期待找到某种能"根治"绩效挑战的"特效药"，而是用成功经验去"调试"或"调理"，以实现最好的绩效成果。这是一种敏捷的做法，但也存在"知其然不知其所以然"的经验主义风险。为了避免陷入"经验主义"陷阱，你必须注意绩效系

---

[1] 行为-成果逻辑是本书提出的一个绩效分析框架，参阅第5章。

统的复杂性和动态性。

保持对复杂系统的谨慎观察，保持认知框架的灵活性，保持数据的及时追踪和绩效解决方案的迭代优化，成了这一敏捷方法的护航之道。

只有资深的内部培训师才能成功地运作一个绩效改进项目

只有资深的内部培训师才能成功地运作一个绩效改进项目吗？在绩效改进的过程中，如果你需要通过大项目来体现绩效改进的系统思维，如果你需要说服业务部门领导掌握绩效改进理念和逻辑以便给予你大力支持，如果你要在业务诊断阶段做出艰苦的努力以获得全面的改进方案，那么的确，只有资深的、有较高影响力的、说服引导能力强的内部培训师才能主导一个绩效改进项目。

在开发敏捷绩效改进方法之前，我们实践绩效改进的状况也印证了以上说法。从2013年冬天的北京香山开始，我们销售培训团队全部成员（30人）同步学习绩效改进很多轮次。完整主导过绩效改进项目的培训师有五六个，他们全部都是资深培训顾问或培训经理。

自从实践过敏捷绩效改进方法之后，我们对这一问题就有了完全不同的看法。

我们首先设计了独有的绩效改进流程：先从员工层面入手，向上影响环境层面的变化，用基层经验归纳而非顶层设计的方式，形成独特的行为-成果逻辑。

然后借助培训师熟悉的工作模式，植入敏捷绩效改进全新的内容。同时采取模块封装的方式，将最具挑战性的数据分析和洞察工作变成可以直接调取的工具包。

这一切都促使敏捷绩效改进变得更容易操作。即使是入职不久的培训师，也能独立发起和管理一个敏捷绩效改进项目。

什么是敏捷绩效改进

随着团队经验的积累和对绩效改进理论的深入理解，以上绩效改进顾问存在的一些认识误区和实践挑战大概率能得到解决。

但这些现象也引发了我的思考：如何创造绩效改进的另一种敏捷解法，帮助人们绕开这些常见的认识误区，聚焦一个更小的范围，采取一种更简便的策略，更快地完成组织绩效改变？

其实，托马斯·吉尔伯特早已给了人们指引，除了经典的行为工程学模型，吉尔伯特还提出了3个与绩效有关的公式[1]，其中的绩效潜力公式为人们寻找快速的绩效提升之路指明了方向。

$$PIP=Wex/Wt$$

式中　PIP——Potential for Improving Performance，绩效提升的潜力；

　　　Wex——Worker excellent，团队中绩效表现最佳的员工；

　　　Wt——Worker typical，团队中绩效表现一般的大部分员工。

吉尔伯特认为，管理者如果想提升团队中表现一般的员工的绩效，那么最佳员工和一般员工之间的绩效比值就是可提升的空间。这一空间有多大呢？吉尔伯特曾经做过一项统计，对不同岗位员工的绩效提升潜力进行分析，发现保险推销员的绩效提升潜力指数为14，印刷车间经理为6，培训课程开发人员为25，数学老师为30。各行业的绩效提升潜力之大，远超人们的直觉。而且这一潜力是在大致相同的管理环境下发掘出来的，这意味着，只要让一般员工掌握最佳员工的做法，他们就能快速得到绩效潜力的释放。

接下来看一个充满敏捷色彩的绩效改进故事[2]。

1990年，杰里·斯特宁在致力于帮助弱势儿童的国际慈善组织"救

1　吉尔伯特提出的3个有关绩效的公式包括：绩效定义公式，P=BA；有价值的绩效公式，W=A/B；绩效潜力公式，PIP=Wex/Wt。
2　希思C，希思D. 瞬变[M]. 焦建，译. 北京：中信出版社，2010.

助儿童会"工作,越南政府邀请该组织来改善当地儿童的营养不良问题,他受命前往,计划在当地设定新的办事处。

斯特宁抵达越南后,发现接待人员寥寥无几,态度冷淡。越南外交部部长告诉他,不是所有的官员都欢迎他,并留下一句话:"你必须在6个月内做出成绩来。"斯特宁随行的工作人员屈指可数,能调动的资源也非常匮乏。

导致儿童营养不良是一系列问题综合作用的结果:卫生状况差,生活贫困,清洁饮用水缺乏,农村居民往往不重视补充营养。而这一切挑战又与越南经济发展落后有莫大的关系,经济落后或许与政治制度亟待改革也有关联。如果深挖儿童营养不良的原因,似乎是一个无解的难题,斯特宁该怎么办呢?

先来看看斯特宁做的结果如何:斯特宁抵达越南农村6个月后,当地65%的儿童营养问题得到改善并且继续保持了下去。后来,埃默里大学公共卫生学院的研究人员来到越南收集其他数据,发现即使是斯特宁离开后才出生的孩子,健康状况也与直接受到斯特宁帮助的孩子相当。斯特宁的成功经验逐渐被推广开来,这个项目影响了越南265个村庄、220万民众。

没有什么故事能比这个更富有传奇色彩了,一个几乎没有任何资源的团队取得了让人难以置信的成就。

斯特宁到底是怎么做的呢?他把村庄里的所有母亲分成若干小组,分别测量各村每个孩子的身高、体重,然后把这些数据按组归总,从中选择出营养良好的孩子,并剔除不具有代表性的孩子(有的孩子有亲戚在政府上班,有机会吃到加餐,其他家庭不可能如法炮制)。

通过大量的走访,他发现当地农村饮食习惯相当明确:小孩跟成人一样一天吃两顿饭。

掌握了当地儿童的饮食习惯后,斯特宁开始走访营养状况好的家庭,看看这些家庭中的母亲有哪些异于一般家庭的做法,结果有了出乎意料的发现:这些母亲一天给孩子喂4次饭(每日进食总量和其他孩子一样,只不过分4次吃)。

而且这些母亲的喂养方式也不同。大多数父母认为,孩子知道自己该吃多少,会自己从餐桌上取用适当的饭量。相比之下,这些母亲喂养孩子的方式要积极得多,必要时父母还亲自喂孩子吃饭,还会鼓励生病的孩子多吃点东西,这跟当地的习惯做法不太一样。

另外,营养状况好的孩子吃到的食物种类更多,他们的母亲会从稻田里捉一些小虾小蟹,在米饭中加入甘薯叶,这些食物为孩子补充了饮食中严重缺乏的蛋白质和维生素。

斯特宁接下来要做的事情就非常清楚了:让其他父母学习这些健康孩子家庭父母的做法。结果,在很短的时间内,斯特宁就完全改善了农村孩子的营养不良问题,并将该方法推向了越南更广大的地区,实现了文章前面提到的成就!

我认为这是一个非常经典的敏捷绩效改进项目,而且这个案例也体现出了敏捷绩效改进的最重要的几个特点。

- 明确的工作(业务)场景:在现有农村环境条件下,改善越南孩子的营养不良问题。
- 找亮点而非找问题:这些创造性的办法是本地智慧,源自村民的实践经验,从亮点入手,更加快速高效。
- 选择关键绩效人:依据数据分析确定孩子营养良好的家庭,深入访谈这些家庭中母亲的做法。
- 关键动作的梳理:①孩子喂养次数;②孩子喂养方式;③如何获得丰富的食物种类。
- 快速的规模化复制:通过规模化复制,让项目产生了积极的外部效应。

依据以上结论，我们从2020年5月开始在组织内部开展敏捷绩效改进的尝试和实践。第一个全国项目在短短21天里就取得了60%的业绩环比增长，受到业务部门的广泛重视和欢迎。从此，我们一发不可收拾，整个团队，无论是资深顾问还是新顾问，都参与了项目的规模化复制和跨业务场景的复制。在15个月内，我们在组织内开展了116个敏捷绩效改进项目，均取得了不错的结果。

这一切成果，既有我们长期实践绩效改进工作，由量变引发质变的"孕育"作用，也有新冠肺炎疫情导致的业务和培训危机带来的"催生"效果。以下是我们组织开展敏捷绩效改进项目的大背景。

2020年2月，敏捷知识传递阶段

2019年年底，新冠肺炎疫情爆发，企业传统业务渠道受到了极大的影响。销售人员如何通过线上方式与客户建立联系，推动产品供应，更好地服务于受疫情影响的终端用户，成为亟待解决的业务问题。

这些问题都是现有组织知识和业务流程不曾遇到过的问题，在没有现成理论和规则借鉴的情况下，我们快速组织了"学习战疫"项目，通过萃取业务团队相对成功的个体经验，借助线上平台的直播分享和微课设计将其快速传播出去，并不断迭代相关内容，产生了很好的学习效果。

2020年3—4月，敏捷技能演练阶段

由于疫情防控，企业员工无法聚集到线下接受任何课堂培训，这一障碍对知识和经验的传播影响不大，但是对塑造工作技能的演练和反馈活动造成了很大的影响。

为此，培训组将纯线下的传统培训课堂搬到了线上平台，在摄像头面前尝试销售技能的训练、反馈和评估。这一尝试也取得了相当不错的成绩。

2020年5月，启动敏捷绩效改进

虽然各地全面复工复产，但城市间的流动依然受到不少限制，如何追踪员工的工作效果，又成了一个新的难题。那些员工曾经极力点赞的微课和直播，那些员工在线上演练、通过考核的技能，在工作现场会被使用吗？使用的效果如何？带来业绩变化了吗？

传统的行为跟进做法（现场观察和协访）都因当时的疫情防控而受到了限制。我们必须开发一种线上行为跟进办法，塑造员工的高绩效行为，改变业绩成果。为突破疫情防控的限制，我们特意全新开发了一个通过在线每日问卷打卡、在线工作复盘辅导来塑造高绩效行为的全国项目。

新冠肺炎疫情的爆发，把我们的培训工作彻底逼到了线上，也一度把我们的业务途径逼到了线上。这迫使我们从一开始的知识传递，到后来的技能演练，再到最后的行为塑造和绩效提升，全部都采用敏捷的设计和实施方式。这一转变产生了意料之外、情理之中的好效果，也催生了一个全新的敏捷绩效改进模式。

在多轮实践的基础上，我们复盘总结了敏捷绩效改进的系统性做法，形成了敏捷绩效改进的"知行合一"双环模型™。在接下来的章节中，我们将详细阐述这一方法论及实操技巧。

敏捷绩效改进的"知行合一"双环模型™

敏捷绩效改进的"知行合一"双环模型™（见图1-2）的形状就像数学的符号∞，内部包含6个步骤，分别是聚焦业务场景、测量行为差距、梳理关键动作、追踪行为记录、对照行为–成果、优化行为质量。

其中，前3个步骤组成了左侧圆环，我们将其定义为"知识环"；后3个步骤组成了右侧圆环，我们将其定义为"行为环"。知识环和行为环首尾相接，表示可以持续循环下去。

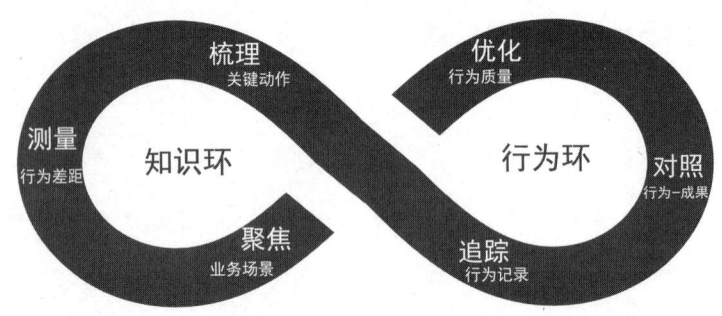

图1-2 敏捷绩效改进的"知行合一"双环模型™

组织知识应该存储在员工的行为中

知识环的3个步骤——聚焦业务场景、测量行为差距、梳理关键动作,是一个识别问题、构建答案的过程。经过知识环,我们将个人经验提炼为组织"共识的知识",这些知识只有落实在每个员工的行为上,才能产生更高的绩效。因此,行为环包含追踪行为记录、对照行为-成果、优化行为质量3个步骤。

行为环的产出,除了更高的绩效成果,还有对知识的内化和升华。只有经过行为环,组织"共识的知识"才能变成"共有的知识"——每个员工都从行为上做到了高绩效,知识从高绩效员工扩散到一般员工。此外,基于自身实践,所有员工对知识的理解和优化都达到了一个更高的层次。

任正非说:"企业最大的浪费就是经验的浪费。"很多企业都强调组织内部知识生产的重要性。但很多企业的知识生产仅完成了内隐知识的显性化,只做到了让高绩效的员工发声。这些知识经常以表彰大会、经验分享的形式出现,最终却消逝在时间的波澜里。

做得好一点的企业,则将显性化的知识进一步结构化、概念化,这类知识大多以课程、流程、规章制度的形式存储在文件柜中、电脑中或墙壁上。它们对改变组织绩效的作用有限,而且其作用往往难以衡量,随着业务的变化,很容易就失去了鲜活的色彩,成为难以落实的"正确的废话",失去了知识应有的生命力。

如果说知识需要保存,最好的容器一定是员工的行为。

指向高绩效的知识如果流向口头或文档,则只是在知识环的"零"里面空转,其对企业绩效的帮助可以说几乎等于零。知识只有进入行为环,才是绩效改进的真正开始,才能形成永续双环,为绩效的提升打开"无穷大"的可能性。

一方面,员工的行为实践将持续对知识进行验证与迭代,其对知识的理解和体悟将一直处于"保鲜"状态。叠加实践经验的员工,相比仅有抽象知识的员工,其对外部环境的变化和业务场景的细微差异的感知会更加敏感,更有可能优化其业务知识以保持高绩效。

另一方面,全体员工的高绩效行为将在组织内形成一个隐性的知识库,新入职的员工都会受到这个知识库的同化、洗礼。它将大大提高流程制度学习和工作技能培训的效果,使组织的高绩效在人员流动的情况下得以保持。

知和行在何处得以合一

知行合一是由明朝思想家王守仁提出来的,即认识事物的道理与实行其事是密不可分的。知行合一的观点在现代心理学和脑神经科学中都得到了实证验证。知行合一的认识论对我们最大的启发就是"在行动中学习,在学习中行动",这促使敏捷绩效改进项目一开始就采用"训战结合"的方式进行,强调刻意练习在项目实施中的价值。

知识环作为敏捷绩效改进的设计部分,要完成经验萃取,产生知识

经验不同于知识。建构主义学习理论认为,知识是在学员试图理解自己的经验时构建起来的。[1]经验是依附于个人行为的、内隐的知识,知识则是人们通过对经验的表达、解释、结构化,形成的可以交流的那一

---

1 碧柯.ATD学习发展指南:第2版[M].顾立民,等,译.北京:电子工业出版社,2020.

部分。

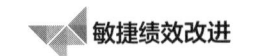

从高绩效员工处萃取的知识具有以下两个特点。

- 它是以员工能够理解的业务逻辑组织起来的文字表述，往往比教科书的内容更容易被员工理解与吸收。
- 它不仅包含绩优员工自身的工作标准与操作技巧，也隐含了他们对绩效环境支持（行为工程学模型的上三层）的理解、适应和改造。相比来自办公室的设计，绩优员工对绩效环境的改造往往是必要的、有限成本的、已被实践验证的，在绩效改进方案中，属于性价比最高的部分。（这也是敏捷绩效改进模型虽然是从员工知识入手，却依然能有效地改进管理环境的原因。）

在有效和易于吸收的知识产生之后，还需要将行为环作为敏捷绩效改进的实施部分，完成知识的落地，并将其内化为组织经验

这也是王阳明所提倡的，有了行为，知识才能被真正体悟和掌握，才是"真知"。

例如，一个没有骑过自行车，只记住了"骑车三要点"的人，如果不做机械、重复的记忆，他很快就会忘记这些要点；但如果他尝试过骑车并成功学会了，那么他的肢体对骑车情境的任何反应都有助于他对知识要点的记忆和提取，并维持更长时间，乃至终身。这就是知与行在身心协调中合一、知识被彻底掌握的体现。

神经心理学家还发现，有过反复亲身体验的人，在回忆相关知识时，其脑区对应的神经细胞的连接更粗壮、稳定。而缺少亲身体验的人，其神经细胞的连接要纤弱得多。

期待良好的业绩成果意味着期待团队形成长期稳定的高绩效行为倾向，这在本质上，就是将共同的知识印刻在团队成员对应的脑区里，形成更粗壮的神经细胞连接。而这种连接和肌肉训练一样，需要用行为来不断追踪、激发脑区反应。行为环的3个步骤，就是借助行为主义的学习方式，提供高频、清晰的刺激反馈，同时在复盘和分享的帮助下，完成员工自身高绩效知识的构建。

所以说，知与行的合一之处，在工作现场的决策过程中，在复盘反思的辅导对话中，也在个人经验分享出来的那一刻（见图1-3）。

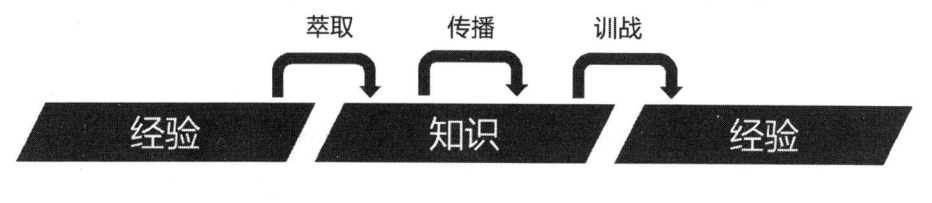

经验 —萃取→ 知识 —传播→ 知识 —训战→ 经验

个体经验：依附于高绩效员工行为的、内隐的知识，需要被识别、萃取

个体知识→群体知识：在高绩效员工试图理解自己的经验时形成个体知识；对个体知识进行整合、概念化、培训传播，形成群体知识

群体经验：在群体的行动学习中将知识内化为群体经验，形成共有的业务语言和行动习惯

图1-3　知行合一是从经验到知识再回到经验的过程

第 2 章

聚焦业务场景

把大象装进冰箱：基层绩效改进者的宏观难题

每年的央视春晚都给人们留下了很多经典的小品段子，"把大象装进冰箱"就是其中一个。

问：把大象装进冰箱，总共有几步？

答：把大象装进冰箱，总共有三步。第一步，把冰箱门打开。第二步，把大象放进去。第三步，把冰箱门关上。

发笑之余，不妨思考一下这个段子为什么好笑。这三步动作，造成了一种"荒诞的合理性"。根据常识，大家都知道这三步是不可能实现的，在逻辑上却无懈可击，这种"意外的落差"是人们发笑的原因。

那么，在绩效改进的实践中也存在这种落差吗？我认为，在绩效改进的实践中也存在业务逻辑无懈可击、现实改进难以落地的情况。

进一步分析"把大象装进冰箱"这个段子，你还会发现，造成这种落差的原因，是问题中给的前提条件不足，造成了多解的可能性。如果问题变得这样具体：

将一头2 000千克的大象，不论死活地装进不限个数的600升的冰箱中，总共有几步？

答案必然变得具体，现实性太强，荒诞感消失，笑话就一点都不好笑了。

绩效改进追求的就是现实落地的解决方案。空泛、宏大的绩效改进议题，容易得到空泛、宏大的"正确解决方案"，但层层落地的难度会很大。而具体、细分的绩效改进议题，则自然能引导出切实可行的解决方案，落地的难度也会小很多。举个例子。

张总：小王，今年我们部门的业绩目标怎么实现啊？

小王：这很容易，把业绩搞上去总共有三步。第一步，把指标合理地分下去。第二步，把资源配置好。第三步，把执行过程管理好。

张总：这还用你说？我每天都在做这些事情！

小王：那基于业务问题分析，我们要做3件事：提高获客率，提高推荐成功率，提高复购率。

张总：这个业务逻辑也没问题，去年我们就是这么要求一线员工的，但一线员工对具体怎么做还是不知道。

小王：那您具体告诉我，到底是谁，通过什么渠道，把什么产品优势卖给什么样的客户？

张总：嗯，这个问题我不太清楚，还需要再研究一下。

小王：如果把这个问题弄清楚了，我相信这个问题的答案就能具体指导一线员工该怎么做了。

当绩效顾问试图把握一个宏大的绩效改进议题时，如"今年我们部门的业绩目标怎么实现"，他提出的解决方案很容易出现"逻辑合理却无法实施"的情况。而如果他沿着这一合理的业务逻辑，继续深入落地，分析的代价将是庞大的，实施的代价就更大了。

如果绩效顾问放下一开始就要"一举解决大问题"的想法，在具体的业务场景中找答案，那解决方案就会变得简单、可执行，实施也将更加敏捷。

从业务管理的视角来看聚焦业务场景，意义重大。据我观察，很多业务管理者谈业务时，都有更愿意探讨业务抽象本质的倾向，谈业务战略、市场策略，谈各种结果指标、流程指标、成本指标。而一线执行则需要直面很多具体到一人、一时、一地的业务问题，这些问题常常被业务管理者忽略。

在业务管理者看来，运筹帷幄是自己的工作，冲锋陷阵则是员工的职责："我要是能解决具体问题，还要雇用你干吗？"而他们驱动整个绩效"躯体"的方式，是安装一个更强大的"心脏"，而非试图疏通"毛细血管"，这是一种难以持续成功的管理方式。

可以说，一线业务员工可以不懂业务战略，但业务管理者必须懂业务场景。

业务场景细分的 4 个维度

场景是指在一定的时间、空间内发生的一定的任务行动或因人物关系所构成的具体生活画面，是完整故事中的横截面，包括空间、时间、环境、阶段性的任务等要素。

场景是影视剧中的概念，场景化思维被借用到商业领域，近年来在互联网产品设计中非常流行。它指的是以用户视角，进入用户情境，感受用户的痛点，从而设计出用户导向的产品。一言以蔽之，就是"具体问题具体分析"，不满足于对抽象概念的探讨。

场景化思维用于绩效改进，就是对业务进行各个维度的细分，从而进入一线业务的微观视角，感受业务的痛点和机会点，制定绩效改进方案的思路。绩效改进顾问引导业务管理者将业务细分到人员、任务、对象、环境4个维度，形成更精细的洞察与指导。

人员维度

完成绩效的主体——人员不同，绩效改进措施也不同。聚焦人员意味着简化、优化绩效改进措施，实现更敏捷的设计与启动，从而提高成功经验的可复制性。

人员维度，主要是指每个人面对具体工作任务时的能力预备程度，包括基本的知识储备与业务常识差异。对于新手，在绩效改进项目中需要对其投入更多的知识技能培训和绩效系统支持；对于熟手，多余的知识技能培训和绩效系统支持会造成资源浪费。

在我经历的一些敏捷绩效改进项目中，很多项目的第一期都将目标聚焦在提升熟手的绩效水平上，新手在项目中以观摩学习为主，熟手在干预下较快地提升了绩效，而新人也在观摩中更快地熟悉、适应了公司的管理语言，取得了较好的"推老带新"效果。经过第一期的知识补课，项目的第二期专门启动针对新人的绩效提升项目。

人员文化背景的差异，也可能带来经验复制的困难和干预措施的差异。例如，某绩效提升项目旨在提升远程客户拜访的有效性，但精心设计的远程拜访工具在向远郊区县销售人员的推广中遇到了意想不到的阻力。核心城市的销售人员面对客户时，商业氛围更浓厚，对新技术的接受程度也更高，能够更好地运用线上方式，专一地推广产品；而远郊区县的销售人员面对客户时，人情氛围更浓厚，虽然线上拜访节省了路上的时间，但远郊客户却将销售人员的现场拜访当作有诚意的表现，更容易成交。可见，更适应契约文化的销售人员与更适应人情文化的销售人员在完成同一工作任务时，实现绩效的途径是有差异的。

任务维度

工作任务的细分差异也必然带来绩效改进措施的不同。例如，即使是推广同一种药品，聚焦不同的适应症时，选择的药品信息、研究证据、销售话术都会有差异，这些差异都会带来销售方式设计、训练等方面的不同。

具体来说，工作任务的细分可以从商品种类、策略类型、卖点差异、服务条款等各种维度展开。你也可以根据业务部门的实际情况采取有意义的细分方式。

例如，某医疗器械销售公司售后服务的绩效改进项目，一开始的项目主题定位为"提升某器械售后服务产值"。后经调查发现，大型医疗器械在医院的销售是一项周期很长的工作，销售人员为了更好地完成大订单，往往会极力争取公司的资源，如3年免费维修，以吸引客户签约，这相当于透支了售后服务销售人员销售维修服务的机会。而售后服务销售人员的销售指标（维修服务合同）与该地区新出售的器械数量直接挂钩，因此业绩一直不尽如人意。很多售后服务销售人员不得不向已享有3年免费服务的客户推销其他附加服务项目。在无法改变公司现有激励分配格局的情况下，项目主题更改为"在某器械销售签约期，提升增补有偿清洗等附加服务的签约量"。这是典型的基于服务条款细分并聚焦工作任务的绩效改进项目。

对象维度

工作任务的对象可能是客户（销售、服务）或产品（生产）等，对象细分是非常常见的细分方式。以客户为例，年龄、收入、职权影响力、各种外在的标签都可能成为有意义的细分维度，甚至客户观念差异等内在思维或行为差异也可以成为细分维度。

客户不同于产品或任务，属于外部因素，其细分聚焦需要更强的信息收集管理。例如，如果对客户品牌观念进行细分，识别出不同的品牌支持等级，意味着需要一个有效的客户品牌观念识别、记录、管理系统，只有这样才能帮助绩效改进项目实现这一细分并聚焦。

环境维度

时间、空间是常见的环境区分方式。节假日服务和日常服务可能有完全不同的组织形式和绩效要求；一线城市的销售模式和农村市场的销售模式也应有诸多细节上的差别。

例如，某绩效提升项目包含了销售人员能力提升的部分。在分析销售人员能力提升对业绩的影响时，我们发现销售人员从"推销型销售"提升为"顾问型销售"后，其在核心城市大型机构的销售业绩并无差异甚至略有下降，而在二三线城市小型机构的销售业绩却有明显提升。

后续调查发现，在二三线城市的小型机构客户，由于缺乏全球视野和最新的行业资讯，对于来自世界500强的销售人员展现出的"顾问型销售"行为，具有更高的接受程度，销售能力的提升意味着影响力的提升，从而促进了更多的合作与生意。而在一线城市的大型机构，很多机构负责人都具有很大的信息优势，更倾向于销售人员只提供产品信息，而由自己完成产品购买和实施应用的决策，因此更倾向于接受单纯的推销行为。

由于城市环境的差异明显影响了绩效提升的效果，因此该绩效提升项目第二期采取了进一步聚焦二三线城市的方式，将销售人员能力提升应用在价值产出更大的地方。

人员、任务、对象、环境4个维度有时是交织在一起的。例如，在本案例中，既细分了环境，也细分了不同环境中的客户偏好。因此，这4个维度作为本书提出的经验性工具，并不符合MECE法则[1]，只为帮助敏捷绩效改进顾问从尽可能多的角度去尝试细分业务，找到优先提升的部分。

为方便大家实践，我以4个细分维度的英文首字母设计了一个名为PCMO的业务场景聚焦工具（见图2-1）。必须指出，这种细分并非越细越好，而是以经验是否可流通借鉴为衡量标准。如果对某个维度细分后发现两类情况下的经验完全可以流通借鉴，则无细分的必要。在具体实施时，绩效改进顾问需要借助业务部门的经验与洞察，为业务场景的细分提供尺度和答案。

---

[1] MECE法则是由芭芭拉·明托在《金字塔原理》一书中提出的对事物分类的基本原则：完全穷尽，互不叠加。

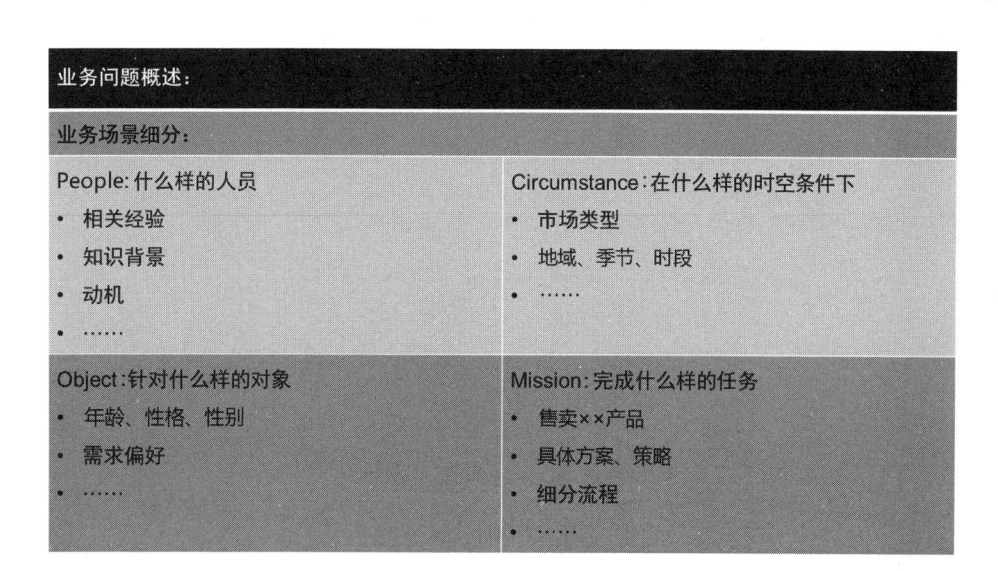

业务问题概述：	
业务场景细分：	
People：什么样的人员 • 相关经验 • 知识背景 • 动机 • ……	**Circumstance**：在什么样的时空条件下 • 市场类型 • 地域、季节、时段 • ……
Object：针对什么样的对象 • 年龄、性格、性别 • 需求偏好 • ……	**Mission**：完成什么样的任务 • 售卖××产品 • 具体方案、策略 • 细分流程 • ……

图 2-1　PCMO 业务场景聚焦工具

聚焦业务场景的应用案例

为了让大家更好地理解这种从业务场景入手的诊断是如何发生的，下面来看两段发生在绩效改进顾问与业务部门领导之间的对话，探讨聚焦业务场景带来的价值。

对话1：全面梳理的诊断方式

某公司销售部门的购物卡销售业绩出现了问题，业务部门领导张总叫来了绩效改进顾问小李。

张总："今年业务难做啊！"

小李："张总，今年的指标是多少？完成情况怎么样？"（明确业务目标与差距）

张总："指标是5 000万元，这都9月了，才完成了2 600万元，刚过一半。"

小李："购物卡电话销售是一个怎样的过程？"（确认业务流程或

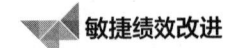

业务价值链）

张总："其实并不复杂，基本销售过程就是筛选目标客户，建立客户联系，介绍产品类型，达成购买意向，签订购买合同，合同数量和合同金额决定了最后的销售额。"（业务价值链）

小李："这么多环节，主要是哪里出了问题，差距最大？"（差距测量）

张总："我看今年的合同数量并没有减少，还有所增加（计划完成240份，实际完成260份），但是每份合同的平均金额显著下降了，这可能是我们业绩下滑的原因（预计平均金额15万元，实际平均金额10万元）。"

小李："有分析过合同金额下滑的原因吗？我们可以借助行为工程学模型来分析一下。"（原因分析）

张总："嗯，原因有很多，去年为了拓展小单市场，我们增加了对成单数量的奖励（激励），有个别销售人员为了得到更多奖励，把大单人为拆分了（流程）。还有几个比较厉害的销售人员跳槽了（动机），带走了一些高价值的客户。另外，我们今年的季节促销做得也一直不太给力（资源），加上经济不景气，客户普遍缩减了购买预算（外部环境）。此外，对于成单金额，我看销售部的一线经理也没有花时间去盯……"（信息反馈）

小李："看起来我们要改变奖励政策，做好人才保留，加强市场促销，还要进行每天的销售过程督导，您觉得这些方案可以先做哪些呢？"（选择方案）

张总："……"

用行为工程学模型从上至下地梳理，其真实诊断过程当然不会这么简单，往往需要花费数天甚至数周、数月的时间进行访谈、问卷调查、现场观察，开展工作坊，才能从纷繁复杂的绩效系统中抽丝剥茧，找准症结。

同样是购物卡销售业绩不佳，如果以聚焦业务场景的方式敏捷切入，会发生怎样的对话呢？

对话2：聚焦场景的敏捷诊断方式

某公司销售部门的购物卡销售业绩出现了问题，业务部门领导张总叫来了绩效改进顾问小王。

张总："今年业务难做啊！"

小王："张总，今年的指标是多少？完成情况怎么样？"（明确业务目标与差距）

张总："指标是5 000万元，这都9月了，才完成了2 600万元，刚过一半。"

小王："业务的最大缺口是哪一部分？"（聚焦业务场景）

张总："合同数量与去年相比略有增加，主要问题是合同平均金额下滑了。"

小王："具体情况是怎样的？哪类合同的数量或金额下滑得最多？"（聚焦业务场景）

张总："10万元以上的大订单合同数量下降了30%，去年的很多大客户今年都不再大规模购买了。节假日期间的购买合同数量和金额下降得最多。"

小王："我理解一下，目前节假日期间老客户的购物卡大单合同签约是最大的业务痛点，对吗？"（确认业务场景）

张总："是的。"

小王："那么在这个具体业务场景中，有没有表现相对不错的团队或个人？"

张总："有，上海团队的节假日大订单完成率为110%。"

小王："如果其他团队都能实现与上海团队同等水平的绩效，您预测到今年年底，绩效能完成多少？"

张王："这个不难估算，大约能将绩效从50%追到80%，这已经很不错了。"

通过比较上文的对话1和对话2，不难发现：小王的诊断并不需要重新定义业务目标，也不需要重新梳理宏观的业务逻辑，而是跟随业务部门已知的业务目标和业务场景，基于业务部门自身的经验与洞察，识别出最具价值的改进场景，小王将"节假日期间""老客户""大单销售"作为业务改进的聚焦点。

聚焦业务场景对绩效改进意味着什么？首先，它是一种帕累托改进式思维方式，在其他场景绩效不受影响的情况下，通过单独提升所聚焦的场景绩效来提升业务部门的整体绩效。其次，它包含一个隐含的假设：不同业务场景下的业务成功路径大同小异，而正是这种"小异"，决定了跨场景的宏大改进方案容易倒在执行落地的"最后一公里"。一个绩效改进项目就是一场变革，也是一轮团队学习。聚焦业务场景可以使团队学习的难度降低。

可以说，场景越模糊，经验的流动就越困难；场景越聚焦，关键动作的萃取就越具体，越具有可复制性，经验流动也就越容易。

具体业务场景下的绩效目标设定

绩效目标是项目验收的圭尺，也是激励项目成员前进的动力，以终为始地量化绩效改进目标是聚焦业务场景之后要做的第一件事。

绩效目标的选择

经典绩效改进中的绩效目标包括销售量、市场份额、客户满意度等。对敏捷绩效改进中绩效目标的选择，有以下3个建议。

第一，因为范围足够聚焦，所以需要尽量选择排除了不可控因素的目标衡量单位。

例如，在"市场份额"敏捷绩效改进项目中，竞争对手的策略动向及努力程度是不可控因素，将其作为敏捷绩效改进的目标衡量单位并非上策。

第二，因为需要实现干预措施的敏捷迭代，所以绩效目标不宜选择长周期的滞后指标，而应选择短周期的敏感指标。

例如，在糖尿病的诊断中，医生是通过血液中葡萄糖与血红蛋白的结合比例——糖化血红蛋白浓度——来衡量患者血糖控制情况的，因为血红蛋白在人体血液中的半衰期约为120天，因此糖化血红蛋白浓度反映的是患者过去3个月的血糖平均水平，这一指标虽然能衡量结果，但对敏捷调整治疗方案来说并不方便使用，应该通过测量空腹血糖和餐后血糖来查看患者当天的血糖控制情况，以便随时调整治疗方案。

第三，绩效目标的选择还需要考虑数据收集的成本与质量。

例如，某生产企业绩效改进项目的目的是提升其销售人员的业绩。该生产企业产品的物流路线是，生产企业—经销商—客户集团总部—客户分支机构—消费者；货款的回流路线是，客户集团总部—经销商—生产企业。该生产企业销售人员的任务是缩短集团进货与回款周期，并驻扎在各客户分支机构进行促销，以拉动供应链需求。以下是该生产企业对各种可能的绩效目标衡量单位的考虑。

- 市场份额：存在外部竞争对手这一不可控因素，放弃。
- 集团进货量：周期过长，且受客户的库存调节影响，放弃。
- 各客户分支机构纯销售量（集团配送量与分支库存量）：计算复杂，且部分客户不开放相关数据，收集成本较高，放弃。
- 客户分支机构每日销售量：销售人员可以要求各客户分支机构一线助理直接提供相关数据，数据收集成本较低，甚至可以上传消费单据，数据真实性能得到切实保证；能即时反映当日绩效，适合干预措施的敏捷迭代。

经过一番分析，该生产企业最终选择以客户分支机构每日销售量作为绩效改进的目标衡量单位。

综上，敏捷绩效改进的目标选择原则包括可控性、敏感性、低成本、高质量。尤其是需要一个敏感性更高的指标来评价和迭代干预措施，这就给业务管理者提供了一个更好的敏捷管理抓手。

绩效目标值的设定

如何为选定的绩效目标赋一个合理的目标值？所谓的合理，就是超越现有水平，到达应有水平以上，尽量靠近理想水平。应有水平是指组织内部有人已经做到的绩效水平，而理想水平是基于业务战略目标和现有内外部资源推导出来的假设值。

着眼于现实，一次实现一个小目标，敏捷绩效改进建议略过对理想水平的探讨和推导，直接聚焦应有水平。当我们将所有人员的绩效都推上原定的应有水平时，则应有水平必将随之水涨船高，此时继续调高应有水平，直到逐步逼近"理想水平"。

绩效改进目标不是团队共有、人人分摊的模糊责任，需要进一步落实在每个人头上，成为别人无法代劳的具体责任。目标的分解落地应由项目参与者与直线经理共同商定。鼓励他们制定比应有水平更具雄心的目标，以确保个人目标的集合不低于项目的整体目标。

项目目标的多层次设定

绩效与学习之间是一体两面的关系。学习是"由经验引起的能力和倾向的相对持久的变化"[1]，绩效则用来衡量学习效果。学习的发生是内在的变化，绩效的改进是外在的变化。因此，在目标设定上，应将经验

---

1 王小明.学习心理学[M].北京：中国轻工业出版社，2009.

的学习和成果的总结作为学习目标，与绩效目标同步设定。

另外，要产生行为倾向的持久变化，意味着项目成员需要刻意练习和投入额外的精力，这些都是必要的"行为代价"，是项目成员应给出的承诺。

因此，在业务成果、学习成果、行为投入3个层面设定多层次的个人目标，是更合理的敏捷绩效改进目标安排。

- 业务成果目标选择标准上文已述，可以选择销售量、市场份额、客户满意度等终点指标，也可以选择出货量、成单数、连线接通数等任何更具先导性、敏感性的指标。
- 学习成果目标包括获得新经验、知识测量结果等。
- 行为投入目标包括参与项目工作坊、完成项目指定学习任务、提交每日行为-成果数据等承诺，并以此作为个人表现评估的一部分。

在项目全程保持业务场景的聚焦

对业务场景的聚焦和对业务目标的关注，不只存在于项目设计阶段，在项目实施阶段，也需要全程保持"瘦身"和"专注"的状态。这实际上是在抗衡各部门常见的加法思维。根据我的经验，很多业务部门领导一旦看到局部的绩优表现，就不再考虑业务场景的差别，要求全员、全部门、全产品线进行全天候的推广学习，而且很容易将绩优表现归因于态度、意识、奉献精神等抽象的人员素质，这往往会将绩效改进项目变成"劳模报告会"，除了表面的热闹和激动人心，实际效果并不理想。

我们发现，在企业的绩效改进项目中，培训师容易在干预措施中添加知识技能培训内容，市场部门则容易在干预措施中添加产品策略的相关内容……这是由专业背景带来的"知识魔咒"。绩效问题可以从岗位技能、领导力、策略制定等各方面进行解读和分析，一旦你熟悉某个解读工具，就更倾向于从这个工具出发，把绩效改进做成"熟悉的配方，熟悉的味道"。

所以，当企业培训师担任绩效改进顾问（最常见的安排）时，应跳出培训的视角，尤其需要跳出培训课程视角，克制自己"贩卖知识"的冲动。这一点对熟悉讲台、留恋讲台的课程讲师来说，更加需要注意。在敏捷绩效改进项目的干预措施中，所有的内容安排都要从业务场景和关键动作出发，课程内容只是干预措施的参考。

总之，业务部门的加法思维在于不由分说地扩大范围，培训师的加法思维在于习惯性地增加理论讲授。两者都是在聚焦业务场景的过程中需要警惕和平衡的倾向。

案例 2-1

在某企业的某绩效改进项目中，绩效改进顾问为销售人员的客户互动能力（Engagement Level，EL）制定了4级标准。

- EL1：掌握知识。能掌握销售产品所必备的知识，并能通过课堂测试和演练。
- EL2：传递信息。能在现场清晰地传递产品优势。
- EL3：客户互动。能通过询问来了解客户需求痛点，精准地传递信息。
- EL4：方案销售。能根据客户需求制定综合解决方案。

经过测量，该绩效改进项目为每个层级的销售人员制订了不同的能力和绩效提升计划。

在看到EL4级能力提升方案对能力的要求更专业、更全面之后，该企业全国业务副总裁直接提出："这么专业的课程就应该全员覆盖，EL4级能力要求应该成为全员的基本能力要求。"这一愿望固然美好，但基于美好愿望实施全国"一刀切"的培训方案，显然效果是会打折扣的。

经过反复沟通，业务副总裁最终同意进行逐步试点的计划。在试点数据分析中，绩效改进顾问基于不同的市场类型（大城市中心区高端机构、大城市郊区小机构、二三线城市中心机构、四五线城市及乡镇分点），分析销售人员的能力提升对产品销量的影响，最终发现了一个类似"田忌赛马"的规律：并非最优秀的人员适配顶层机构，最优秀的人员在第二层级的机构反而能发挥最大的业务影响力，提升业绩；顶层机构需要的是EL2级的基本合格人员。

项目组从数据上证实了全国的销售队伍并不需要"一刀切"地全部打造成最优秀的EL4级，而应该根据市场状况提出适配的人员能力要求。最终，业务副总裁完全认同了绩效改进顾问根据细分市场安排人员能力提升计划的方案。

可以说，同一个任务，在专家眼中是高度细分的，而在一般人眼中只有任务的轮廓。专家能够区分业务场景，选择最匹配的工作策略，一般人只会"一个套路玩到底"。

聚焦业务场景其实是一般项目与敏捷绩效改进项目的第一道分水岭。聚焦是为了更快地取得更高的业务成果，也是为了屏蔽纷杂的干扰因素，形成果断而清晰的干预决策。

不排除其他业务场景的人加入敏捷绩效改进项目也能或多或少地受益，这也是很多人愿意随意扩大业务成果的理由。在他们看来，学习或绩效改进项目就像请客吃饭，来了新客人只是添一副碗筷的问题，不用重新开席。而实际情况是，客人坐下了就需要招呼好对方，客人说饭菜不合胃口就需要添菜，这样最终会让项目的主题失去焦点，最终失去敏捷的原意。

第 3 章
测量行为差距

找问题原因还是找行为亮点

当聚焦一个业务场景之后，你会发现员工的绩效水平在这个场景中大多呈现正态或偏态分布（见图3-1）。我将处于绩效前10%的员工称为"关键绩效人"。关键绩效人是在特定业务场景下，掌握了最新、最好的工作方法的一群人。而剩余的90%员工，我称之为"一般绩效人"。关键绩效人身上所包含的所有达成高绩效的成功因素，我称之为"亮点"，关键绩效人特定的行为模式和这些行为模式背后展现的态度、知识、技能、策略，以及某些偶然的特殊因素，都在亮点的范畴之内。

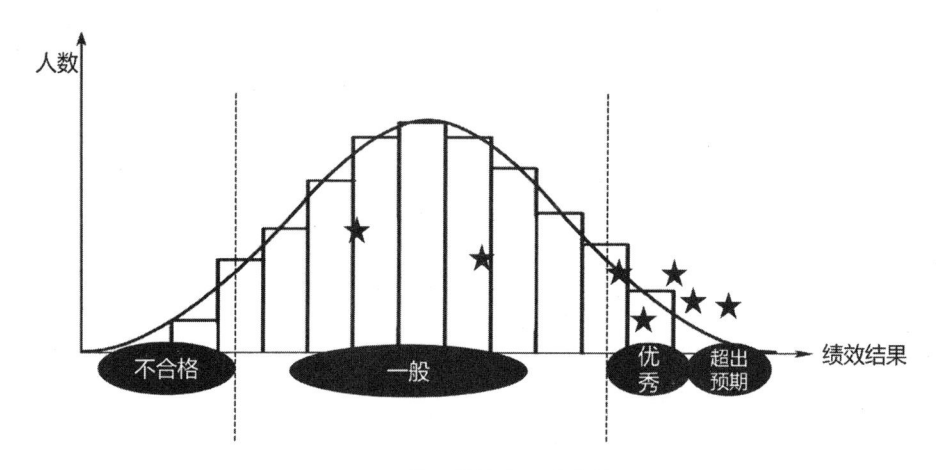

图 3-1 员工绩效水平分布情况

在寻求团队绩效改进（改变）的时候，你是习惯聚焦问题的原因，还是习惯聚焦亮点和对策？如果你是管理人员，你需要问问自己："我花在解决负面问题上的时间和花在分析成功案例上的时间，两者所占的比例各是多少？"

前些年，网购带动快递业务迅速发展，一家新成立的快递公司招聘了一批快递员。公司管理层很快就发现，优秀的快递员一天能送300件左右的包裹，一般的快递员一天仅送100多件包裹。公司管理层没有去挖掘或问责一般快递员的做法，而是通过对优秀快递员的观察和分析，得出了他们成功的诀窍：优秀快递员制定的送货路线都是一路右转，这种路线设计节省了很多等待红灯的时间。

于是，该公司要求所有的快递员将每天送货的路线都设计为一路右转。不久之后，该公司的整体业绩得到了很大的提升。

这是一个典型的"找亮点"绩效改进案例。该公司将找问题答案的考古式思维转变成找亮点的成功思维，不去寻找一般快递人员送件少的原因，而是花时间去分析优秀快递员的做法。这种做法和本书第1章提到的杰里·斯特宁的故事有异曲同工之妙：从亮点入手，快速做出改变。

一开始，我对敏捷绩效改进方案"找亮点"的特征认识并不清楚，直到我经历了一场有趣的"碰壁"。

当时，我们团队的第一场全国敏捷绩效改进项目（21天训战营）取得了阶段性进展，我们很兴奋地向几位部门负责人介绍项目成果和业务洞察。

其中一位部门负责人在商业咨询公司担任过咨询顾问，拥有不凡的履历。她在听取我们的项目设计思路时，一直皱着眉头。我们刚介绍完，她就迫不及待地站起来，在白板上画了一个大大的咨询流程，指出我们设计思路中缺失的部分——对绩效问题系统而深入的分析。因此，她建议项目组深入挖掘问题的根源。

她指出的确实是一条经典的解决问题的思路：通过全面分析现状中存在的挑战、机会、优势、劣势，找到某些"关键问题"，针对"关键问题"制定一套"核心策略"，然后根据"核心策略"演绎出一整套"关键行动"。

这种深挖问题、寻找对策的方式，充分展现了全面、系统的特征，解决方案的有效性是通过翔实的资料和严谨的逻辑来保证的。但是从调研成本和分析周期来说，它并不算敏捷。面对瞬息万变的外部环境，开展动辄数月的咨询和调研可能很难把握住VUCA时代的脉搏，解决方案可能会一直慢市场、慢业务半拍。

听完这位部门负责人的"质疑",我才意识到,我们双方走在了两条思维平行线上。这促使我进一步反思:这种切实有效的办法有什么本质特征?为什么一开始得不到经过经典工作思维训练的人的认可?

为此,我特意总结了"找问题"和"找亮点"两种思维方式的差异(见表3-1)。

表3-1 "找问题"与"找亮点"两种思维方式的差异

差异点	找问题	找亮点
具体做法	全面占有材料信息;系统分析问题根源	在实践中寻找亮点;快速复制有效做法
如何保证方案的有效性	信息全面;逻辑严谨	已有局部事实的证明;执行时的快速感知和迭代
优势	经典的方法,易于认可	分析、设计周期短;实施启动快;适应变化
可能的劣势	分析、设计周期长;解决方案落后于变化;被误解为问责,产生抵触情绪	无成功经验可挖掘;未经全面分析导致系统性遗漏或偏差

总之,敏捷绩效改进需要"小步快跑",而寻找成功经验、复制成功经验是实现这一目标的关键。为了让公司内部对项目设计思路有统一的认知,我在介绍项目成果之前,特意提出了"找亮点"的指导思想。

当我清晰地展示了"找亮点"的设计思路和第一个项目实现业绩增长60%的结果后,公司管理层对这一基于经验实证的方法论给予了高度认可。

其中一位副总裁当时说的一句话让我记忆深刻:"21天训战营项目设计看起来很简单,但它从亮点入手的做法确实是比较敏捷快速的。其思路虽然和药品临床试验设计的专业性和严谨性无法比拟……但这种方法很像临床研究中的真实世界研究……你们做了一个销售绩效提升的真实世界研究,是一次很好的尝试。"

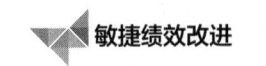

找亮点与积极心理学

积极心理学是20世纪五六十年代在人本心理学的基础上发展起来的心理学研究。它不同于既往心理学将注意力放在对人类异常行为和精神疾病的探究上，而是将研究的重心放在探究人类存在的正面价值上。它着重强调要重视人本身的成长与发展，发掘人的潜能，最终完成自我价值的实现。它利用人类积极的本性，再结合心理学的力量，最大限度地将个体中尚未发掘的能力调动起来，激发人类的动手创造能力。

近年来，积极心理学在HR领域得到了比较广泛的应用，如教练技术、能力模型、人才发展等。在敏捷绩效改进中，积极心理学最大的应用体现就是"找亮点"。

积极心理学强调"找亮点"的意义到底在哪里？心理学家发现，专注于痛苦，把注意力放在剖析痛苦、解决痛苦上，人们可能会变得更加痛苦。例如，精神分析着重于分析来访者的童年创伤，通过觉察、和解达到心理治愈的目的。但如果方法使用不当或使用过度，就会给来访者带来二次伤害。甚至很多研究证明，精神分析的某些方法可能会引导出虚构的创伤，给来访者植入痛苦的记忆，增加无力感。这是"找问题"思路在心理学上带来的一种消极意义。

对应工作场合，直面问题必定有它的积极意义，员工的心理并没有脆弱到无法承受任何批评的地步，但人们还是经常体会到"找问题"带来的潜在风险：很多过于关注问题和挖掘原因的对话或会议如果处理不当，就有可能让当事人滑入"解释—合理化—愤怒—沮丧—悲观放弃"的下坠螺旋。

人活着，不只是想改正错误或缺点，还希望找出自己的优势和生活的意义。人们在辅导对话中特别强调"你关注什么，什么就会成长"。关注你想要的东西，而不是你不想要的东西，是一个非常重要的工作视角。

找亮点并非回避问题，人们更关注问题是如何被有效解决的，而不是去探究问题产生的根源，正如积极心理学认为的：更关注优势和成功经验，而不是找做不好的原因。

在绩效改进实践中，我发现"找亮点"在塑造业务团队积极心理方面，有以下几个价值。

当我挖掘关键绩效人的亮点并请他们分享亮点时，他们无一例外都感受到了被激励，表现出了比之前更高的工作热情和工作技巧。一方面，接受访谈和分享经验要求关键绩效人对自己的工作策略进行归纳整理，这可以强化和细化其对工作任务的理解，促进其技能的进一步提升。另一方面，这些亮点不仅包括工作经验，也包括成就感、荣誉感等积极的情绪体验，人们在拥有积极的情绪时能够强化力量和开拓思维。因此，我在访谈和邀请关键绩效人分享时都会特意留出时间，让他们聊一聊自己的心路历程和积极体验。

积极心理学除了研究个人，也研究积极的组织系统，引导人们用积极的情绪带动一个社群系统的发展，有利于个体潜力的发掘和幸福感的提升。业务团队一般都有竞争意识，当看到他人或其他团队取得成就时，会激发大家协力达成目标的意愿。在我经历的多个敏捷绩效改进项目中，很多业务经理和总监都会把握在团队内找亮点的机会，提出"让经验流动起来"的口号，通过分享亮点，在团队内发挥鲶鱼效应，促进良性的竞争、互助和学习。

"找亮点"可以让整个业务团队从疲于寻找没有达成目标的借口，转向努力寻找达成目标的方法，并争取获得分享经验的荣誉。"找亮点"可以极大地优化团队整体氛围，带动一般绩效人的工作热情和技能成长。

在某个敏捷绩效改进项目中，一位业务总监非常娴熟地运用了"找亮点"的方法。他的团队中有20人是该项目的正式成员，但他让团队中的全部成员（90人）都加入了项目的工作群。在工作群里，正式成员每天都分享当日拜访客户的心得体会和收获，经理也会及时给予其鼓励和辅导。在围观正式成员的亮点分享和经理激励之后，其他70人也开始尝试创造亮点，并渴望得到直线经理的鼓励和辅导。

在之后的项目复盘会议中，一位经理非常激动地说："这个敏捷绩效改进项目让我收获很多，其中有一个收获是我意想不到的，那就是新员工成长的速度明显比以前快了。他们每天在工作群里耳濡目染，去看别人如何进行专业的拜访，如何有效使用关键动作，然后自己去模仿、去尝试。他们虽然刚加入团队，但看到团队中其他同事都在不断地取得成果，自己成长的意愿和速度明显比以往的新员工更强、更快。"

关键绩效人行为调查

遴选关键绩效人

前文提到，处于绩效前10%的员工可称为"关键绩效人"，但在这10%的员工中，并不是每个人都适合参与访谈、焦点小组或分享工作坊，你需要学会遴选合适的关键绩效人。在选择关键绩效人时，你需要给予经理（客户）建议或指导。

常言道："错误的输入必然导致错误的输出！"你收集的数据和提出的建议的质量取决于你所观察和萃取的员工的质量。在确定任何访谈计划之前，多花点时间仔细筛选关键绩效人是值得的。具体来说，筛选要点有以下4个。

- 锁定确切的业务场景。本书所说的敏捷绩效改进是在一个聚焦的业务场景下展开的，因此遴选关键绩效人时需要锁定确切的业务场景。例如，某位关键绩效人总体业绩非常出色，其业绩主要来自消费者客户，而敏捷绩效改进工作坊聚焦的是如何提升机构客户的成单率，那么该关键绩效人就不适合成为萃取对象。
- 选择合适的绩效遴选标准。例如，对于聚焦击败竞争对手的绩效改进项目，应该考察市场份额持续增长的业务人员；对于聚焦改善售后质量的绩效改进项目，则应该考察复购率、二次投诉率、客户满意度问卷评分等指标。
- 关注绩效的稳定性。持续的高绩效说明关键绩效人有相对稳定的指向成功的行为模式，偶然性因素较少，因此更有萃取价值。你应该寻找的关键绩效人是那些持续（至少两个季度）圆满或超额完成其工作指标的员工。
- 关注关键绩效人的表达能力。虽然你应该依靠出色的萃取技术和总结能力从不善言辞的关键绩效人那里"取得真经"，但关键绩效人过差的表达和自我反思能力会成为萃取的障碍。在同等条件下，你应优选善于表达的关键绩效人参与访谈，而不善于表达的关键绩效人可以参与对行为进行定量分析的问卷调查。

在现实中，你无法依照以上标准选出一个完美的关键绩效人，你经常会遇到以下几种常见的实际情况。

- 管理者的平衡术。有些业务管理者把筛选或举荐关键绩效人当作激励下属的机会。这无可厚非，但要关注有没有漏掉最有代表性的关键绩效人。例如，一位非常符合项目目标的关键绩效人刚刚参加了公司后备人才培养计划，于是他的经理不打算举荐他作为敏捷绩效改进项目的输入者，而是把这个名额给了第二梯队的成员。这对项目信息和数据的收集有一定的影响。还有一些业务管理者不太希望自己的下属被"冠名"为高绩效员工参加相关的访谈或观察。他们担心这些下属会提高对自身职业发展的期待，从而使其工作不稳定性增加，不便于未来的管理。
- 说得好的盖过做得好的。当缺乏硬性指标数据时，业务管理者可能会根据自己的印象来举荐关键绩效人，此时往往容易筛选出一些表达能力强于工作能力的员工，这可能会让萃取得来的内容含有水分，此时需要辅以现场观察的方法。

- 没有一个完全合格的关键绩效人。一种情况是，面对全新的业务场景，团队成员全部实战经验不足，甚至连业务指标都没来得及分配。此种情况属于敏捷绩效改进项目开展的前提条件不足，此时并非完全不能开展敏捷绩效改进项目，但需要从相似的业务场景中寻找关键绩效人，结合他们的经验，加入管理者对绩效行为的理想预期，展开对未来业务的头脑风暴。另一种情况是，即使最优秀的员工，也没能达到指标和管理预期，管理者往往表现出对全体员工的不满意。此种情况下也可以展开敏捷绩效改进项目，通过员工绩效整体分布状态的前移，自然会产生绩优的员工。此时可以通过过程指标或过程印象来遴选"不完美"的关键绩效人，他们的个人经验有可能组合出一个"完美"的关键绩效人。

5种关键绩效人调查策略

有以下5种关键绩效人调查策略。

- 文档查阅。通过查阅纸质文档、电子文档，掌握基本绩效信息，包括绩效指标达成与变化情况、岗位工作描述、业务流程标准作业程序（Standard Operation Procedure, SOP）、业务部门报告、岗位能力模型等。文档查阅是为了掌握关键绩效人与一般绩效人所处的共同绩效环境的基本情况，以及他们在绩效成果上的差别，为设定合理的敏捷绩效改进目标提供背景资料。外部咨询顾问尤其需要做这一步工作，以了解组织基本信息。
- 访谈。通过与关键绩效人一对一沟通的形式，收集绩效信息，包括成功案例、管理建议、个人总结等。访谈的主要目标是找出关键绩效人成功的亮点因素。

- 焦点小组。组织一群关键绩效人讨论绩效信息，就成功的亮点因素形成定性或定量的结论。此外，焦点小组还可以归纳关键绩效人眼中的业务流程。
- 问卷调查。问卷调查以结构化和非结构化的问题收集关键绩效人与一般绩效人的绩效认知及行为差异，以便定量呈现绩效差距，建立员工行为层面的基线水平。（问卷技巧将在第5章详细阐述，可作为通用的操作技巧。）
- 现场观察。为获得第一手资料，开展对关键绩效人或一般绩效人的工作随访，观察其特定绩效行为。

以上5种调查策略各有优势与特点（见表3-2）。

表 3-2 5种关键绩效人调查策略对比

调查策略	优势	可能的劣势	适用情境
文档查阅	信息密度高，获取成本低	资料过时、缺失	了解绩效基本情况
访谈	绩效细节丰富，获取案例方便	比较费时，调查者主观偏倚	萃取关键动作，洞察业务流程
焦点小组	绩效细节较为丰富，可获取案例线索	预约不灵活，意见互相强化或遮蔽，被善于表达者带偏	萃取关键动作，洞察业务流程，构建行为-成果逻辑
问卷调查	定量数据，信息密度高，获取成本较低	回答者偏倚	定量分析、诊断报告
现场观察	客观	成本高，费时	补充、收集、验证

这5种调查策略对关键绩效人和一般绩效人都是适用的，但是基于"找亮点"的原则，敏捷绩效改进应该在测量行为差距时将80%的精力用于对关键绩效人的调查，将20%的精力用于对一般绩效人的了解。

在调查策略的组合方面，可以进行各种灵活的搭配，基于个人经验，我给出在最复杂的情况下的调查顺序如下。

> 1. 查阅资料，了解基本情况。
> 2. 对1~2名关键绩效人（建议选取第二梯队的关键绩效人）进行非结构化访谈，以便了解基本业务流程、关键流程及成功案例。
> 3. 访谈若干名一般绩效人，主要了解业务挑战，附带了解一般绩效人的成功经验。
> 4. 对3~4名关键绩效人（建议选取第一梯队的关键绩效人）进行结构化重点访谈，以便了解最详尽的成功案例，萃取成功的亮点因素。
> 5. 组织关键绩效人焦点小组，此时可邀请跨部门成员共同参与，汇总、共识关键动作，梳理高绩效行为与绩效成果之间的完整逻辑。
> 6. 展开项目全员或业务团队全员的问卷调查，既包含关键绩效人，也包含一般绩效人，定量呈现两个群体对工作绩效的认知与行为差异。
> 7. 现场观察，补充信息，验证行为-成果逻辑能否真实反映业务现实。

在大部分情况下，我和我的同事很少使用焦点小组和现场观察这两种调查策略，究其原因，焦点小组需要预约统一的线下时间（以保证效果），抽调业务骨干，现场观察更是耗费时间、精力和差旅费用，两者的敏捷性均不算高。

而文档查阅、访谈和问卷调查都可以在线上进行，是我们用得最多的3种调查策略。关键动作梳理、归纳，以及搭建行为-成果的完整逻辑的重要性极高，如果不采取焦点小组工作坊，则可以先由绩效改进顾问独自完成，再通过召开简短的会议征询其他人意见的方式处理。

关键绩效人访谈简介

访谈关键绩效人有时被直接理解为最佳实践萃取访谈，但在实际访谈中，萃取是第二位的，还原事实细节是第一位的。访谈者不能急于或过于期待访谈对象的总结，而应该把目标首先放在获取成功案例上。访谈对象的主要责任是提供丰富详尽的原始素材，访谈者的主要责任是提出好的问题，并从访谈对象的回答中抽取最有价值的亮点。

关键绩效人访谈流程

关键绩效人访谈一般需要经过以下几个阶段。

> 1. 准备访谈目标和提纲。访谈者如果缺乏对访谈对象工作的基本理解，可以先进行一个漫谈式的初访，再拟订提纲。访谈提纲也可以随着访谈者理解的深入而不断迭代优化。
> 2. 发出访谈邀约。根据访谈目的，可以选择是否发出详细提纲以便对方做好充分准备，同时告知对方访谈时长、是否录音或寻求对方对提纲的建议等。
> 3. 正式访谈和记录。
> 4. 整理访谈资料与追访。如果涉及具体资料获取或遗漏了重要问题，可以展开追访。

关键绩效人访谈模型

访谈不宜空谈经验、感悟和看法，而应该围绕真实案例展开。常见的访谈模型有STAR模型和CCAF模型等。

» STAR模型

- S（Situation）：起因、背景、困难和挑战。
- T（Task）：访谈对象需要解决的问题、达到的目标、关键人物。
- A（Activity）：访谈对象采取的策略、实际行动、对突发情况的应对措施。
- R（Result）：最终成果、个人反思。

» CCAF模型

- C（Condition）：何时、何地发生，涉及谁，情况如何。

- C（Challenge）：在工作任务中遇到何种挑战，哪些是关键挑战。
- A（Activity）：面对挑战采取的策略、行动。
- F（Feedback）：行动结果给业务、客户、团队带来的影响。

深度挖掘访谈信息

为了更深、更广、更多维度地挖掘访谈信息，完成常规提问之后，还可以选择以下几种类型的问题进行深入挖掘。

》反思类问题

评价：

- 您怎么评价一般绩效人对这个问题的说法？
- 您觉得它的成功主要表现在哪几个方面？
- 围绕您参与的那些工作，有哪些关键因素让工作取得了进展？

排序：

- 如果您要实现X、Y、Z，请描述一下自己会遵循什么样的步骤。
- 刚才您提到的几个方面都很重要，能为它们的重要性排序吗？

打分：

- 如果满分为10分，您认为这项任务的难度、成果可以打几分？

》情感类问题

- 哪些事情最让您感到惊喜？
- 哪些事情最让您感到沮丧？
- 在整个过程中，您获得了哪些让您眼前一亮的见解或想法？

》假设类问题

- 假设您遇到一般绩效人提出这个问题，您会怎么处理？
- 假设让您给刚入职的同事提供建议，您的建议是什么？
- 如果明天让您重新做一遍这项工作，哪些事情您会做得与上次不一样？

» 激发类问题

- 一般人会觉得这么做太"傻"了,您为什么一定要这么做?
- 您的选择似乎和别人不一样,您是怎么考虑的?

以上5类问题具有相当好的深挖效果。当然,最好的问句必须包括"为什么""还有什么",这两个问句要成为访谈者的口头禅才好。

访谈之所以被称为一门艺术,不在于它有固定的套路,而在于它需要使用因人而异的策略,并注意以下几个方面的微妙平衡:信息收集与情绪回应的平衡,跟随对方思路与主导访谈框架的平衡,理解整理与客观记录的平衡。

关键绩效人访谈并不是为了单纯地获取信息,也是一个情绪互动的过程。人们一旦开始交谈,其兴趣、能量等就会增加。在访谈过程中,访谈对象可能会有明显的情感表现。他们在讲述经验时,经验会把他们带回某个场景,在案例结尾的反思过程中,也可能会引发他们表现出比较强烈的情感。此时,访谈者应该在一定程度对访谈对象的情绪表现出共鸣和回应,这会在无形中鼓励他们表达更多。当然,如果对方的情绪表达已经偏离主题,访谈者也可以主动提醒对方回到正题。

虽然在访谈时可以借助STAR或CCAF模型,但它们最好只存在于访谈者的头脑中,而不是用它们来强行框住访谈对象的思路。访谈者要遵循访谈对象的能量和思路来访谈:跟着访谈对象的能量和兴趣走,而不要按照自己先入为主的想法进行访谈。特别是在一开始的非结构化探索性访谈阶段,访谈者更应该遵循访谈对象的思路。如果访谈者认为在某些方面访谈对象应该能说得更多,或者自己想知道得更详细一些,可以进行追问,帮助访谈对象进一步打开思路。

虽然回应和展现理解很重要,但不要反客为主。访谈者要避免讲自己的故事,或者对访谈对象的谈话过早地得出结论。即便在重复确认访谈对象的要点时,也要尽量尊重对方的原意,避免拔高、歪曲、增补或遗漏信息，因此访谈者要随时将自己的理解交予对方确认。

一旦访谈对象在某个案例上的一个完整思路结束了，访谈者就可以提出新的案例，让对方重新展开一个思路，这样访谈就能不断向前进行。如果访谈者在保持访谈的平衡方面经验不足，可以借助录音设备，在访谈时专注于倾听、追问和澄清，将对案例的框架整理工作放在访谈结束之后，借助录音回放来完成。

访谈注意事项

在访谈时，访谈者需要留心和灵活应对以下几种常见情况。

» 关键绩效人会做不会说

如果表达能力欠缺或平常缺乏对他人和自己工作的反思比对，关键绩效人讲述的内容可能很难达到访谈者期待的质量和细节水平。针对这种情况，可以让他们评价一般绩效人的案例，或者发掘他们与一般人不同的做法，从而打开访谈入口。还可以使用现场观察的方法获取信息。

» 关键绩效人过度凝练

当关键绩效人对一切工作难题、工作技巧习以为常时，会倾向于忽略介绍那些别人未掌握的隐秘知识，因为他们认为这些知识人人都应该知道，或者没什么了不起。关键绩效人为了突显自己的工作价值，也可能会将平常而具体的工作行为上升到"哲学""价值观"层面加以概括。这两种情况都会导致过度凝练，没有干货。没有经验的访谈者要特别警惕这种情况，谨记访谈的最终目的是获得可复制、可衡量、可追踪的绩效行为，而不是一些抽象、空泛的词语。

例如，有的关键绩效人会说："我一般都是这样做的，跟客户保持良好的沟通就可以了。"当遇到类似情况时，访谈者需要将关键绩效人带到具体的业务场景中，并识别出对方描述的是特殊情况还是普遍情况，也可以邀请对方多举例子，并请其展开对当时情况的具体描述。

此外，追问也是一个非常好用的访谈技巧。对于访谈对象的某些模糊答案，有必要进一步追问、澄清。举例如下。

- 访谈对象说："这需要花很长时间。"访谈者可以追问："那你认为多长时间最合适？"
- 访谈对象说："每个人都应该参与。"访谈者可以追问："那你认为哪些组织应该参与进来？"
- 访谈对象说："项目进行得十分顺利。"访谈者可以追问："与其他你参与过的项目相比，这个项目怎么样？有什么不同？"
- 访谈对象说："这是一个难题。"访谈者可以追问："那你认为哪些方面比较难？"
- 访谈对象说："这是我们能做到的最好程度了。"访谈者可以追问："如果未来有其他团队想做得更好，他们需要做些什么？"

» 关键绩效人担心泄露核心优势

遇到这种情况，访谈者需要提前介绍访谈的背景、目的、遴选访谈对象的标准及访谈对象将为这个项目带来的价值，从而与访谈对象建立初步信任；也可以提醒业务部门领导关注项目，以增强关键绩效人展现自身价值的动力；还可以告诉对方，还有哪些关键绩效人在访谈名单上，从而进一步打消对方的顾虑。

» 关键绩效人强调不可复制的因素

访谈时，访谈者要判断成功因素的可复制性。关键绩效人强调的成功因素可能不具备可复制性，如销售指标比较低、与客户存在特殊关系、由于某项特殊才能而取得业务突破、受益于客户独特的文化习俗等。访谈者需要分析这些特殊情况的背后是否有可以挖掘的可复制的成功因素，或者专注于那些独立起作用的可复制的成功因素，或者果断更换一个更适合的访谈对象。

一般绩效人行为调查

一般绩效人行为调查的必要性

一般绩效人的行为和绩效水平是改进的起点，关键绩效人的行为和绩效水平是改进的终点（初步达到的终点）。

对一般绩效人进行适当的行为调查，有助于项目的深入展开。

一般绩效人提出的绩效挑战可以用于激发关键绩效人在访谈中阐述自己的见解、策略和操作技能。一般绩效人也可能普遍具备某些基本技能，这在关键绩效人访谈中是无法识别出来的，只有将两者做对比，才能确定哪些可能是更重要的技能，需要重点关注。对一般绩效人行为水平的定量描述，有助于绩效改进顾问在项目结束后，衡量和汇报除业务成果之外的人员能力成长成果。

一般绩效人访谈适合穿插在关键绩效人访谈中。访谈对象可由业务部主管推荐，并确保其不是新人，对业务流程至少有基本的了解，能够代表最广泛的绩效分布主体，处于绩效水平25%、50%、75%分位的人员都应该有所覆盖。

一般绩效人访谈简介

应该说，针对关键绩效人的访谈策略也适用于一般绩效人访谈，两者的区别在于访谈产出不同。

一般绩效人访谈开始前，不要对关键绩效人与一般绩效人之间的绩效行为差距做出任何假设和结论，从一开始就要保持这种客观性。一般绩效人访谈要采用与关键绩效人访谈完全相同的起始问题，以此来确认或验证关键绩效人和一般绩效人在达成绩效过程中所采用的方法或开展的活动之间的差距。

在某些重要项目的访谈中，为避免访谈者先入为主，可以针对访谈者设盲，也就是访谈者并不知道访谈对象是关键绩效人还是一般绩效人。同理，现场观察也可以采取设盲的方法进行更客观的比对。

当然即使起始问题相同，随着两者回答的差异，访谈者的追问必然有所不同，一般绩效人也会展现出与关键绩效人不同的受访特点。

首先，某些一般绩效人会用想象替代现实。在访谈过程中，一般绩效人会谈到他们期望做到、应该做到而不是自己已经做到的事情，这一点必须澄清，从而识别出绩效行为之间的差距。借用STAR模型，追问真实案例的细节，是区别想法和实际行动的关键。

其次，某些一般绩效人可能担心被追责，因而会为自己的绩效寻找借口，强调客观因素的重要性和自己的无能为力；或者为了掩盖自己的技能不足，贬低某些事情的价值或优先级。举例如下。

- "我记忆中好像没有接受过任何与大客户沟通的培训。"
- "对于有些大客户提出的一些要求，我不得不让我的主管来沟通，因为我没有资源来满足客户的这些需求。"
- "在解决问题时，我不会联系组织内的任何其他人，我觉得联系了也没什么意义，他们也解决不了。"
- "我收到过其他人成功处理这类问题的方法，但我真的没有时间尝试，或者不太理解如何使用这种方法，我每天都忙着处理各种突发的客户需求。"

为了让一般绩效人敞开心扉，在访谈一开始强调访谈目的是非常必要的。同时，访谈者应该进行适度的追问。例如，"在这种情况下，你有什么想做而没有做的事情？""在这种情况下，我看××（某位关键绩效人）做了这样的选择，你为什么没有这么做？有什么挑战？"但请记住，访谈的目的既不是管理问责，也不是能力辅导，而是梳理行为，因此追问应该适可而止。如果一般绩效人敞开心扉，访谈在客观上会起到一定的辅导作用，他们在访谈后会因为访谈者的追问而受益良多。

最后，一般绩效人会比关键绩效人更多地抱怨绩效环境因素。举例如下。

- "我的工作环境一直非常吵，这让我很难集中精力听客户在电话里讲的内容。"
- "现在竞争产品这么多，国家的政策也在不断变化，我们的投入不增加，要想达成绩效是很难的。"
- "目前的系统落后、速度慢，我认为这些目标对服务人员来说非常不现实。"

对于一般绩效人描述的绩效环境问题，有些是关键绩效人在访谈中不会提及的，它为访谈者深挖关键绩效人的经验提供了线索，因为关键绩效人很可能已经有了一些解决和应对此类问题的办法，这就需要访谈者追问关键绩效人的应对之道。

访谈者也可以组织焦点小组工作坊，探讨一般绩效人提出的绩效环境问题，让关键绩效人和其他相关人员对问题进行重要性排序，并在现场收集应对办法。但请注意，要避免焦点小组工作坊变成吐槽大会。

在焦点小组工作坊中，访谈者可以呈现关键绩效人和一般绩效人之间最主要的绩效行为区别，让全体人员对这些区别进行确认和补充。

行为差距分析是敏捷绩效改进项目成功实施的关键步骤。关于如何找差距，前文已有详细的阐述。总结起来，测量行为差距的几个关键的产出里程碑如下：合格的访谈提纲、亮点行为合集、绩效环境挑战与一般行为合集、绩效行为差距共识（关键动作定义，第4章会具体讲述）与调查问卷、全员问卷汇总与绩效差距报告。

绩效改进顾问在量化地呈现了绩效差距之后，还需要回答这样一个问题："如果一般绩效人达到了关键绩效人的行为水平，整体的业务目标能实现吗？"如果答案是否定的，绩效改进顾问需要回到行为差距分析这一步，看看是因为高绩效行为描述不够准确，还是因为行为的优先顺序不对，需要调整。

最终，绩效差距报告可以包含以下内容。

- 业绩差距。
- 一般绩效人画像（见图3-2）。
- 关键绩效人画像。
- 关键动作列表（见图3-3）。
- 一般绩效人关键动作调查报告（选择偏好、技能水平）。
- 关键绩效人关键动作调查报告（选择偏好、技能水平）。
- 绩效环境差距报告。
- 绩效环境改进措施优选排序（见表3-3）。

某公司提升国企客户购买A课程的项目

- 在缺少成功经验的情况下，公司销售人员对A课程的销售并不热衷
- 集中反馈价格挑战，但这一问题与国企预算充裕、决策灵活的现状相悖
- 因无相应的奖励，只推荐甲类合同，不推荐乙类合同

- 有较为丰富的A课程相关知识，但不能明确产品卖点
- 对于国企的课程购买流程较为熟悉
- 缺少对国企党建话语体系的了解
- 没有完整的对国企销售的工作流程概念

- 个别能做到提供整体解决方案，并从课程整体价值出发
- 普遍缺少异议应对技巧
- 在推动客户行动方面缺乏有效的方法

图 3-2　一般绩效人画像示例

表 3-3　绩效环境优选排序示例（某公司提升国企客户购买 A 课程的项目）

编号	环境支持要素（计分项）	是否助力其他干预措施	设计成本（高1分—低5分）	设计时长（长1分—短5分）	推广难度（难1分—易5分）	效果预测（差1分—好5分）	综合评分
1	描绘国企客户画像，建立差异化销售策略	是	5	5	5	3	18

续表

编号	环境支持要素（计分项）	是否助力其他干预措施	设计成本（高1分—低5分）	设计时长（长1分—短5分）	推广难度（难1分—易5分）	效果预测（差1分—好5分）	综合评分
2	收集整理A课程在国企售卖落地的标杆案例	是	5	5	4	2	16
3	创建国企客户销售流程，明确过程指标，进行管理追踪	否	3	4	5	5	17
4	产出适配国企的A课程产品的话术要点及异议处理要点	是	2	3	4	5	14
5	确定A课程国企背景讲师及课堂案例	否	2	1	5	3	11
6	设计实施能使话题持续的市场活动	否	4	3	5	5	17
7	创建A课程国企销售激励政策	是	2	3	3	5	13

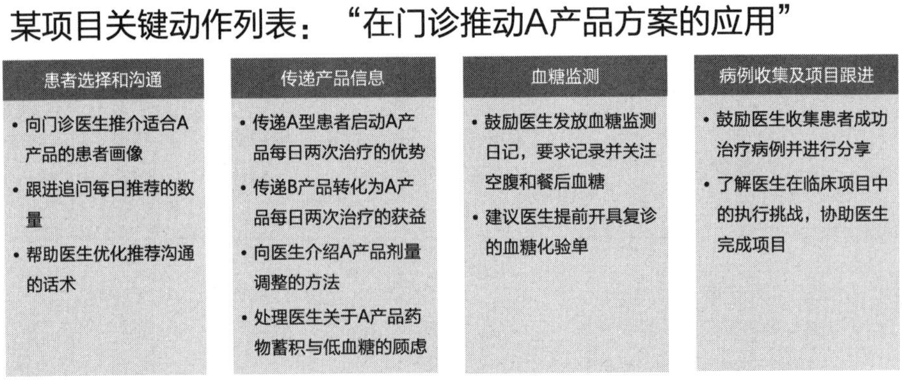

某项目关键动作列表："在门诊推动A产品方案的应用"

患者选择和沟通
- 向门诊医生推介适合A产品的患者画像
- 跟进追问每日推荐的数量
- 帮助医生优化推荐沟通的话术

传递产品信息
- 传递A型患者启动A产品每日两次治疗的优势
- 传递B产品转化为A产品每日两次治疗的获益
- 向医生介绍A产品剂量调整的方法
- 处理医生关于A产品药物蓄积与低血糖的顾虑

血糖监测
- 鼓励医生发放血糖监测日记，要求记录并关注空腹和餐后血糖
- 建议医生提前开具复诊的血糖化验单

病例收集及项目跟进
- 鼓励医生收集患者成功治疗病例并进行分享
- 了解医生在临床项目中的执行挑战，协助医生完成项目

图3-3 关键动作列表示例

总之，我认为在改进组织绩效时，"最低垂的果实"就藏在一般绩效人和关键绩效人的行为差距之间，只要澄清了这些差距，就能找到摘取果实的线索。但是，要想实现最终的果实摘取，还要用这些线索打造一个掌控摘取过程的跟踪器。

第4章

梳理关键动作

什么是关键动作

当你找到特定业务场景下的关键绩效人之后，那些经过访谈、观察、调查得到的关键绩效人的行为集合，以及这些行为背后折射出的态度、知识、技能，都是你要寻找的亮点。对亮点进行萃取，去掉其中不可复制、不可衡量、难以学习的部分（如人格特质、智力水平、环境机会等），就会形成一组指向业务价值的、可测量的、能产生价值的行为，我称之为"关键动作"。

在本书中，我将关键动作定义为：在特定的业务场景下，影响业务成果的关键过程行为。在这些行为的集合中，存在一些至关重要的、区别于一般绩效人的特别行为，这些是需要重点关注的部分。

关键动作的获得，原则上来自关键绩效人的实践行为，而不是来自书本、教条、设计或业务管理者的突发奇想。在敏捷绩效改进模型中，关键动作是动态的、不断迭代的，并随着组织、团队对具体业务场景下工作任务的理解而不断更新，因此对关键动作的认识也需要随时更新，使企业的最佳实践始终处于持续优化升级的状态。

在具体业务场景中对关键动作的识别与定义，是敏捷绩效改进中最核心的一环，也是精细化管理的具体体现。

那么，到底什么样的行为属于关键动作呢？下文将借助各行业及生活中的案例来对关键动作的内涵与外延进行进一步阐述。

神奇丰富的关键动作

人们的工作和生活之所以充满了乐趣，有时就在于他们经常能找到更有效、更省事的办法来解决问题，充分体现了灵长类动物的智慧优势。这些办法看似平平无奇，仔细分析下来却又出人意料，堪称绝妙，其中往往包含着有趣的关键动作。我希望这些跨行业及生活中的案例不只是一种"成功学的集锦",更能给你带来一些与关键动作有关的启示。

关键绩效人的很多关键动作都与他们对工作任务的独特理解和学习模式有关。可将这些关键动作大致分为两类:对事(任务)的关键动作和对人(客户)的关键动作。

对事(任务)的关键动作

优化任务流程

大部分人小时候都面临过一个"重大"的成长挑战:学会自己穿衣服。小时候的我总是不能快速准确地系上扣子,经常出门后被人笑话,因为衣服扣子系错了位置。我一开始得到的建议是:照镜子和更细心地系扣子。这两件事都需要额外花时间,对一心出门玩耍的孩子来说,实在是个挑战。我清楚地记得我妈妈给了我一个决定性的改善建议:系扣子的时候,从最下面一粒扣子开始系,低头看准,系好最下面一粒之后,再顺着往上捋。这件事情之所以让我几十年后依然记忆犹新,是因为它的确是一个有关系扣子"绩效"的关键动作:采用了这个建议后,我几乎再也没有系错扣子。

这个关键动作是改变任务的流程或顺序,将习惯性从上往下系扣子的方式,改为从下往上系,从而解决了小孩子看不见自己脖子下方第一粒扣子的挑战。

在工作任务中使用简便的工具

在我国长途鲜果快递业务发达之前,乘坐飞机出差或旅游的朋友一般都有过从机场携带当地水果特产回家的经历。很多机场都会为散装水果特产提供整箱的打包服务:工作人员使用包装机为纸箱打上扁平的塑料捆扎带,并用金属条扣紧。纸箱被包装得非常结实,很适合托运,但并不适合旅客拎起来,又薄又紧的塑料捆扎带让力气再大的人都感到手指生疼。我见过的最优秀的改进措施发生在2017年内蒙古包头的机场：工作人员在捆扎纸箱前剪下一小截橡皮水管，穿进捆扎带中。这样，被包扎紧实的纸箱就有了一个简便的提手，让旅客携带纸箱变得特别轻松。

这个关键动作是在工作任务中使用简便的工具，使旅客提拎包裹变得简单易行。

将复杂的任务进行模块化切割与封装

再举个例子。作为不懂围棋的门外汉，我观看过围棋大师轻松地打谱复盘甚至进行一对多的对弈，非常好奇他们是如何高效地记住那么多黑白棋子的位置的。万维钢在《万万没想到》一书中解答了我多年的困惑：棋盘上的黑白落子，都有所谓的"定式"，也就是一小组黑白棋子的固定摆放套路，这些套路的最优解是明确的，围棋高手对这些定式都烂熟于胸，棋盘上千变万化的局势在他们眼中都是定式的组合演绎。如果说棋子是一个个字母，那么定式就是由这些字母组成的单词、句子或段落。在普通人眼中，棋子是一颗一颗的。在高手眼中，棋子是一片一片的，这就是他们能够快速打谱、快速做出正确决策的根本原因。系统论认为，系统的层次性减少了子系统之间的复杂联系，提高了系统的效率。软件开发也是一样，很多固定的子程序被模块化封装，程序员只需要调用子程序，管理好子程序的输入和输出就可以了，而不需要专门思考如何开发子程序。

很多优秀的关键绩效人也可以做到对复杂任务进行模块化封装，对熟悉的套路可以不假思索地完成，或者分派给他人，自己则专注于重大的全盘思考。

我在实践敏捷绩效改进项目时，把对比行为-成果的数据分析工作进行了标准化、模块化处理，从而大大降低了数据分析的难度，让不熟悉数据分析逻辑和操作的培训师能上手实施这个项目，从而使项目以惊人的速度在组织内复制推广。这就是我将复杂任务进行模块化切割与封装的关键动作。

对任务的合理分解与设立里程碑

对任务的合理分解与设立里程碑，也是关键绩效人区别于一般绩效人的一点，很多组织对标准的工作任务都有流程式的分解，并设定有关键绩效指标，但依然有部分细节性工作是模糊的和自主处理的。关键绩效人对这些任务的理解更加精细、量化，能合理分解任务，设定达成子任务的指标。

山田本一是20世纪80年代的一名日本马拉松运动员。1984年，在东京国际马拉松邀请赛中，名不见经传的日本选手山田本一出人意料地夺得了世界冠军。两年后，在意大利国际马拉松邀请赛中，他又获得了世界冠军。两次连续夺冠，让人们相信了他所说的"凭借智慧战胜对手"的经验。

10年后，山田本一在他的自传中这么说："起初，我常常把目标定在40千米以外终点的那面旗帜上，结果我跑到十几千米时就疲惫不堪了。我被前面那段遥远的路程给吓到了。

"后来，每次比赛之前我都要乘车把比赛的路线仔细看一遍，并把沿途比较醒目的标志画下来，比如第一个标志是银行，第二个标志是一棵大树，第三个标志是一座红房子，就这样一直画到赛程的终点。

"比赛开始后，我就以百米冲刺的速度奋力向第一个目标冲去，到达第一个目标之后，我又以同样的速度向第二个目标冲去。四十多千米的赛程，就这么被我分解成几个小目标，轻松地跑完了。"

将任务分解成合理的里程碑，并将里程碑的达成作为反馈和庆祝的节点，能有效提高任务完成的可能性。

合理确立任务的优先级

合理确定任务的优先级也是一个重要的关键动作。史蒂芬·柯维在

《高效能人士的七个习惯》一书[1]中，有过关于"要事第一"的精彩讲述："……辨别事情的轻重缓急，急所当急……是个人管理之钥。"

重要问题之所以重要，是因为如果优先解决了重要问题，次要问题很可能就会随之自动解决。

对工作任务的复盘与自我反馈

对工作任务的复盘与自我反馈更像一种学习策略，它不同于其他与任务直接相关的关键动作，但很常见，是关键绩效人区别于一般绩效人的行为之一。

对人（客户）的关键动作

另有一大类关键动作与"信息"有关，这在销售、售后、管理等与人打交道的工作中非常常见而且种类繁多。如果说销售工作是围绕期望的客户行为创建一个干预系统，那么管理工作就是围绕期望的员工行为创建一个干预系统。

我们都知道，信息的传递是系统得以高效有序运转的关键因素之一。推动一个行为系统的运转，既需要增加动力，也需要减少阻力，还需要提供实现路径和有效反馈。同时，信息传递的效率、频次都可能是关键绩效人区别于一般绩效人的关键动作。

所以，这些关键动作包括：

为客户重置目标

在一个有关加油站的绩效咨询项目中，咨询公司发现高绩效员工的业绩要比平均水平高出30%以上。咨询公司调查了业绩最好的员工都与客户聊什么，最后发现了他们与一般绩效员工的一些差异，其中一个差异是，高绩效员工会问客户："您要加满吗？"而一般绩效员工会问客

---

1 柯维.高效能人士的七个习惯[M].高新勇，等，译.北京：中国青年出版社，2018.

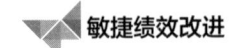

户："您要加多少？"

这是一个典型的引导性提问，促使客户进入"加满与否"的思维定式，从而增加了中立客户（既不是原来就计划加满油的客户，也不是早已决定不加满油的客户）加满油的可能性。这个关键动作是典型的为客户重置目标的关键动作。

提升客户动力

提升客户动力的信号，可以是鼓励、奖励，可以是产品的价值主张，也可以是促进客户对现状痛点的觉察。有时，它甚至不是文字语言之类的明示信息，而是一种暗示性的、影响潜意识的信号。

在一项社会心理学实验中，研究者让志愿者在地铁口随机向过往的乘客寻求一美元的捐助。志愿者被随机分为A、B两组，他们使用的募捐话术都是统一设计的，唯一不同的是A组在搭讪之前比B组增加了一个拍对方肩膀的肢体动作。结果显示，在同样的时间段和地点，A组的募捐绩效高出B组11%。

心理学家对"拍肩膀"这一关键动作的解释是：这是一种权威信号，长辈和上级经常有拍晚辈或下属肩膀以表示激励的社交动作，这强化了对方"我需要服从他"的心理暗示。将这个提升对方动力的关键动作迁移到陌生人社交中，也产生了类似的作用，从而促进了募捐的成交。

消除客户阻力

行为学家马特·沃拉尔特曾经提出，当人们希望强化他人的某种行为时，往往只想到加强鼓励因素，而忘了解除惩罚因素；当人们希望弱化他人的某种行为时，往往只想到加强惩罚因素，而忘了解除鼓励因素。他描述的常人行事方式，是缺乏系统思考的典型体现，而关键绩效人展现出的超常的地方在于，能从多方面影响他人行为的走向。

例如，在销售工作中，一般销售人员容易做到的是传递产品的价值主张，这是一种与提升客户动力有关的行为。大多数销售人员都能忠实地履行公司市场部提供的产品策略，正确地传递产品信息，讲清楚产品的好处，这是他们胜任岗位工作的基本表现。

而优秀的销售人员往往能消除客户使用产品时的某些顾虑和不满，或者减少某些现实障碍和惩罚因素，这是一种"消除客户阻力"的关键动作。例如，我曾经采访一位医药销售人员，她发现一名客户虽然很认同其产品的价值，但依然很少开处方。经过拜访，她发现原因是客户不熟悉电脑操作，产品冗长的化学名成为这名老年客户面临的一个现实挑战（相关政策要求医生开处方时输入药品复杂的化学名，而非简略的商品名）。于是，她通过帮助这名医生在电脑系统中预设快捷键，使他能更快地找到自己推荐的产品，从而消除了客户阻力，实现了产品销售。

在《行为设计学》[1]一书中，有一个经典的消除客户阻力的例子。

基因泰克公司研发了一种名为乐无喘（奥马珠单抗）的新药。实验表明，乐无喘确实能够帮助许多患者预防哮喘病的发作。但是，新药在美国上市6个月，销量依然远远低于预期。公司邀请咨询公司帮忙找出新药销量不佳的原因。销售数据显示，某个区域的两名销售人员业绩突出，他们卖出的乐无喘数量比同区域其他销售人员的平均水平高20倍。经过调研，咨询公司发现，这两名销售人员采用了与其他销售人员不同的方法，他们没有在医生面前强调乐无喘的疗效（这一点医生早就知道了，而且乐于开处方），而是帮助医生了解如何使用这种新药（很多医生对新药的使用方法不了解）。

乐无喘不是可服用的药丸，也不是可吸入的气雾剂，而是一种药液，需要通过静脉注射的方法输入患者体内。最有可能为患者开这款新药的是过敏科医生和儿科医生，这两类医生恰好不太熟悉静脉注射的给药操作。

---

1 希思 C，希思 D. 行为设计学[M]. 靳婷婷，译. 北京：中信出版社，2018.

这两名销售人员采用了消除客户阻力的策略，取得了非常好的业绩。

事后看这个方法好像也没有什么特别之处，是销售人员理所应当的选择。但在药物刚上市时，很多人想到的销售策略都是传播价值主张和产品美誉度，而这个平平无奇的方法就突显了两名销售人员独特的业务洞见。

向客户提供实现路径

卓越的销售人员会在"消除客户行动阻力"的基础上更进一步，不仅将产品售卖出去，还能引导客户最大化地利用产品，直到客户完全解决他们所面临的挑战和问题，这其实是一种"向客户提供实现路径"的关键动作。这类销售人员提供给客户的不仅是产品，更是完整的解决方案，是客户期待的最终价值。

施耐德公司作为配电器和自动化能源管理设备的全球领导者，其客户群体遍布各行各业。施耐德公司发现在其中国分公司存在两类不同的销售团队。一类是业绩普通的销售团队，他们的销售影响力仅限于客户机构的设计人员、采购部门、使用部门，而不能从决策者那里得到电气采购意向，因为这些销售人员将自己视为某种工业品的推销者，其成功的关键在于"关系过硬"。他们忽视不同行业客户的需求差异，很难应对客户复杂的购买流程和"杀价"行为。另一类是业绩卓越的销售团队，他们深知自己的工作不仅是出售高质量的断路器和控制器，更是帮助客户做好能效管理。客户机构购买产品的最终目的是提高整个组织的能源安全和能源效率，这恰恰是客户机构高层决策者关心的终极问题。这使得他们对关键决策者有较大的影响力。

相应地，业绩卓越的销售团队关注和推动客户能源现状的诊断、整体能源方案的设计、谈判和合同跟进、人员的培训与交流、设备的安装与调试及能效分析等各个影响客户价值实现途径的环节。这些举措无形中扩大了他们解决问题的范围，使得他们销售的不仅是施耐德公司的产品，更是整套解决方案，从而提升了客户的依赖程度。

总之，无论是客户对产品的购买还是员工对工作的投入，都有其需要实现的最终价值，实现最终价值的路径并非自然存在的，它往往需要具备系统思维和遵循第一性原则的关键绩效人做出与常人不同的关键动作。

向客户提供实现途径，有时不是某个关键绩效人能百分之百掌控的关键动作，特别是在长周期的大单销售中，需要依靠整个组织做出系统性的支持，才能实现这一关键动作，解决方案的设计、客户的教育培训、产品的售后维修等都超出了传统销售工作的范畴，是跨部门合作的结果。关键绩效人在其中表现出来的是对内部资源的影响和整合及为客户提供实现途径的能力。我在访谈关键绩效人时，也获得了如何改进他们所处的绩效环境的线索。

一旦从组织层面产生"向客户提供实现路径"的关键动作变革，就可能为组织带来新的业务模式和盈利点。

人们在装修时往往愿意购买信得过的家装和涂料品牌，如立邦漆。但是人们购买立邦漆这个商品，并非为了单纯地占有商品，而是为了获得漂亮、干净、平整、颜色均匀、长寿命的墙面和家具漆面。而刷漆这一工作看似容易，工序却并不简单，要经过保护、补裂、找平、贴布、打磨、刷底漆、刷面漆、养护等一系列步骤。

所以，作为最了解自己产品的立邦公司，迈出了从提供产品到提供实现途径的转变，推出了"立邦刷新服务"，这既增加了新的业务来源，又促进了原有品牌销售，同时实现了客户关心的最终价值。

向客户提供信息反馈

向客户提供反馈也是一般绩效人容易忽视的一种关键动作，而它往往就是客户行为的激发点：很多时候客户不是不想做，也不是不会做，而是缺少一个反馈回路告诉他们什么时候该做了，做得怎么样了，以及

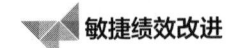

是否需要继续做。

在实际工作中，很多行业的销售人员都会给客户提供免费检测或监测服务，为什么呢？因为客户需要得到一系列的信息反馈，如"我的皮肤健康级别不高""我的英语水平一般""我治疗的患者健康恢复水平没有达标""我的家庭资产配置风险过高"等，以触发购买行为。

而维持和强化客户的购买行为同样也需要信息反馈：购买、使用了新产品后，我的皮肤健康 / 英语水平 / 疾病管理 / 家庭资产得到了多大程度的优化和改善？

当然，在员工管理中也是一样的，"我的能力还有什么差距""这个月我离全额奖金还有多远"，都将成为触发员工努力工作的关键动作。

改变信息传递（反馈）频次和方式

除了建立信息反馈回路，还需要考虑这些回路中信息反馈的频次和质量。很显然，让人简明清晰地抓住重点并能得到即时反馈的做法，可以更有效地改变客户的行为。具体来说，简洁明了、重点突出的信息比纷繁复杂、没有重点的信息更好；可衡量的数据信息比模糊笼统的定性信息更好；图像化的直观信息比抽象的文字信息更好；实时动态的信息比滞后静态的信息更好。在建立信息反馈回路这件事上，隐藏着大量可以挖掘的关键动作。

某公司从事糖尿病治疗药物的研发与销售工作，销售人员在推动患者获得更好的治疗方式方面不遗余力，但该公司最先进的第三代、第四代胰岛素的市场占有率依然有很大的提升空间，虽然它们的价格相对来说并没有比其他产品贵多少，但疗效和安全性要比其他产品高很多。

医生也并非不了解新一代胰岛素的血糖控制优势，也并非不知道如何用好新产品，在既往的学术交流和自身的工作经验中，他们也注意到换用新一代胰岛素带来的血糖控制优势，但这些治疗成果的反馈周期太长了，只是偶尔出现。更糟糕的是，他们实际上很少收到对问题的反

第4章 梳理关键动作

馈信息：很多患者并没有定期检查血糖的习惯，或者经常忘记携带血糖记录卡进行复诊，或者医生对挂号开药的慢性病患者缺少开检查单的习惯。这就让医生难以直观迅速地了解患者血糖不达标的情况。

对此，优秀的销售人员的做法是为医生的行为建立并加强关于患者血糖信息的反馈回路。例如，建议医生为大部分前来开药的患者随机增测血糖；推进免费血糖监测的筛查项目并反馈筛查结果；发放血糖记录卡并将记录卡与病历本钉在一起。这些高频的问题反馈，给了医生一个为患者升级胰岛素的行动"扳机"。

当然，随着技术的发展，更先进的技术解决方案已经出现：患者佩戴24小时动态血糖监测电子设备，这种设备能让医生第一时间发现升级胰岛素的机会点，也让新一代胰岛素的优势在每个时点的数据上都尽显无遗。这种被称为"瞬感"的装备，让信息反馈的数据化、图像化、实时性、动态性得到了完美的体现。

再次总结一下两种类型的关键动作（见表4-1）。

表 4-1 两种类型的关键动作

对事（任务）的关键动作	对人（客户）的关键动作
优化任务流程	为客户重置目标
在工作任务中使用简便的工具	提升客户动力
将复杂任务进行模块化切割封装	减少客户阻力
对任务的合理分解与设立里程碑	向客户提供实现路径
合理确立任务的优先级	向客户提供信息反馈
对工作任务的复盘与自我反馈	改变信息传递（反馈）频次和方式

这两种类型的关键动作之间并不是非此即彼的关系，在实际访谈中可以结合在一起使用。此外，它们也并未穷尽关键绩效人所有的行为特点。毕竟，人类的智慧和意志总是能让我感到惊喜和赞叹。我在此处不厌其烦地阐述这些关键动作，并非要列出一个完美的"成功学清单"，而是为你理解什么是关键动作及如何观察、访谈、萃取关键动作提供一个行之有效的指引。我不希望它们束缚你对关键动作的想象。

> 一般绩效人员在学习关键动作时会存在以下现象：
>
> 1. 只要做，绩效就会更好。这一类关键动作被称为"默会技能"。在没有掌握这个关键动作之前，一般绩效人缺少的不是知识和技巧，而是应用它的意识。有了意识，他们就能很好地做到。这类关键动作的学习成本也是最低的，例如前文提到的系扣子的例子。
> 2. 做得越多，绩效越好。这是一类是由量变引起质变的关键动作，一般绩效人相比关键绩效人，缺少的是坚持执行的意志。在敏捷绩效改进项目中需要对他们进行更多的督导。例如，对客户信息传递的次数，可能需要一个基本的下限要求。
> 3. 做得越好，绩效越好。出现这种情况的原因是在关键动作的大原则下，还隐藏着某些更具体的操作技巧或只可意会不可言传的经验。前者可以再进行拆解式的分享交流，后者常表现为内隐知识或肢体技能。还有一些则只能采取刻意练习、强化反馈的方式进行训练。

关键动作的书写标准

显然，本章列出的关键动作描述都是一些抽象概念，无法直接指导行业中具体业务场景中的一般绩效人。在实操项目中，对关键动作的描述需要遵循一定的书写规范，既要有较强的指导性，同时也要有较强的启发性。强指导性要求关键动作的描述尽量具体，让一般绩效人对照关键动作照做就好；强启发性则要求关键动作的描述有所提炼和抽象，直指业务本质和业务价值，从而能让一般绩效人根据关键动作思考、演绎出不同的具体做法。

如果片面强调指导性，可能会让关键动作沦为工作小技巧的集锦，数量多到令人难以记忆；如果片面强调启发性，可能会让关键动作变成某些心理学、管理学中的基本原则，难以落地。

关于关键动作描述的书写规范的制定，需要绩效改进顾问下功夫好好打磨。我建议为此专门开展项目组工作坊或讨论会，对关键动作描述的书写规范达成共识。

一般来说，将关键动作写成"通过……做法，做到/实现……的业务价值或效果"，是最完整、规范的描述，可以保证各部门人员都能够基本看懂。在此基础上，再根据组织成员共有的背景知识，进行恰当的简化，可以避免内部交流和数据记录时的复杂性。

关键动作的分类归纳

关键动作分类归纳的意义

当你把关键绩效人的大小经验梳理成关键动作之后，呈现在你面前的依然是一组无序的短句。它们是否需要进行一次分类归纳呢？非常有必要，原因有3个。

1. 分类—归纳—总结本身就是一种建构式学习方式。这一学习过程可以加强业务管理者对具体业务场景的认识和理解。
2. 分类归纳是"补齐"关键动作的契机。经过分类归纳，你可以得到业务流程的完整轮廓，找到组织集体的盲点。这就像考古学家将碎裂的瓷片拼组成一个完整的瓷器，从而有机会发现那些依然缺损的碎片一样。
3. 分类归纳也是一个对微观业务流程进行重新定义的机会。不同的梳理方式将得到不同的框架视角，重新定义可能会带来更有效的或创新的业务管理行为。

举个例子。在某公司的销售业务中，管理部门和培训部门把微观销售业务流程理解为一个客户拜访的过程，一个老生常谈的套路：计划—开场—了解客户业务—推荐产品方案—处理客户疑虑—成交跟进。很多管和培训工作都是围绕这个套路展开的，实际效果多年来都不尽如人意。

在切入对具体业务场景的梳理归纳这一关键动作之后，对业务过程可以形成全新的理解：共识客户的业务目标—共识产品优势与使用时机—帮助客户寻找产品使用时机—提醒跟进客户每日使用—反馈客户使用效果。新的视角带来了完全不同的管理和培训内容，促进了业务绩效的提升。其中的第四步"提醒跟进客户每日使用"就是在讨论会上碰撞出来的。实际上，在之前的访谈中，所有关键绩效人都没有提及这一方面，它是对关键动作分类归纳后大家自然而然发现的"缺失的瓷片"。

最终，所有的关键动作描述都变成了这样：

- 通过推荐、分享行业标准，与客户共识其业务目标；
- 通过介绍检测报告和成功案例，与客户共识产品优势和使用时机；
- 通过维护、分析客户的业务数据，向客户反馈使用效果。

这样的关键动作描述，其指导性和启发性都得到了很好的提升。

关键动作分类归纳的方法

到底如何分类归纳关键动作？常见的方法有3种。

场景分类法

实际立项时，聚焦业务场景一般不会细分到底。因此，在梳理关键动作时，可以根据更微观的业务场景差异进行分类归纳。

例如，在复杂的长周期ToB销售（面向企业的销售）工作中，可以根据工作对象的不同划分关键动作，针对客户公司技术主管、业务主管、产品经理、执行副总裁，分别采用不同的关键动作。

流程分类法

流程分类法是一种常见的分类归纳方法，也很容易理解，一般根据关键动作出现的先后顺序进行分类归纳。例如，将关键动作分类归纳为"建立关系—推荐产品—邀请试用—评估采购—合同跟进"等销售步骤。

维度分类法

因为关键动作在归类上有交叉，所以可以尝试用维度分类法进行分类归纳。

在某公司推进产品服务质量的项目中，项目组发现该公司的关键绩效人面对不同客户市场采取的成功方式有明显的差异，经过分析，最终将关键动作归纳为4种客户情形：高发展意愿度且高技术能力的客户、高发展意愿度但低技术能力的客户、低发展意愿度但高技术能力的客户、低发展意愿度且低技术能力的客户。他们用发展意愿和技术能力两个维度区隔了不同的客户。

经过维度细分，他们发现公司内部缺少面对第四类客户（低发展意愿度且低技术能力客户）的销售成功案例，并在这方面特意做了调研，明确了这类客户在公司业务优先级中属于最低层次，这使得项目目标客户的筛选更加聚焦。

从本质上来说，维度分类法是场景分类法的特殊形式，也是业务场景未彻底细分的结果，但它比一般的场景分类法更具洞见性。

关键动作定义和归纳的讨论会

关键动作定义和归纳非常重要，需要在关键动作讨论上邀请各相关方参与，包括但不限于一线业务人员（最好是关键绩效人代表）、业务管理者、产品经理、业务培训师等。在与相关方讨论时，应先回顾业务场景和关键动作的定义，并严守相应的书写规则（启发性、指导性和指向业务价值）。

根据我的经验，产品经理经常从策略执行角度补充某些关键动作，培训师经常从专业流程角度补充某些关键动作。如果这些关键动作都没有关键绩效人的实际行为作为依托，应谨慎采纳。

业务部门领导者则容易从很宏观的角度补充某些关键动作，如"一定要做好××产品在特殊部门的准入工作""要搞定关键客户"等。这些属于管理要求，是对"关键动作"望文生义导致的讨论偏差，不属于严格定义的关键动作。在讨论会上，引导者应时刻记得把大家拉回到关键动作的定义上来。

那么关键动作真的只能完全来自关键绩效人的实践案例，不能由绩效改进顾问指定吗？当然不是，如果在关键动作归纳后的框架指导下，发现在全场景下、全流程下或全维度下缺失了某些关键动作（就像修复瓷器时发现缺少了瓷片），就可以基于过去的经验或管理和策略的要求，提出新的关键动作。

当然，无论关键动作是来自实践梳理还是人为创造，最终都需要在敏捷绩效改进的训战实践中加以验证和优化。因为组织内关键绩效人的最佳实践乏善可陈，有时候绩效改进顾问不得不从某些设想出来的、笼统的关键动作出发。但只要有了实践、反馈、迭代，这些关键动作最终都会被打磨成最理想的状态。

在某项目中我们就遇到过类似的难题：在老板提出的新业务场景下，整个组织内都找不到一个典型的成功案例，把所有零星的亮点凑齐也拼不出完整的业务流程。我们只能基于自己对关键动作定义和销售岗位经验的理解，进行了很多"修饰"工作，就像修补瓷器一样。这个办法很管用，后来组织内部成功案例出来之后，这个关键动作的集合越来越趋近真实和有效。

使用亲和图

亲和图是依据语言的相近性，将问题的方向明确化的一种方法。亲和图的创始人是日本的川喜田二郎（Kawakita Jiro），所以该方法也称KJ法。川喜田二郎从多年的实践中总结出一套方法：把大量事实如实地捕捉下来，通过对这些事实进行有机的组合和归纳，发现问题的全貌，建立假说或创立新学说。在质量管理中，亲和图是一种很常用的归纳工具。

我们在关键动作的讨论会中使用了亲和图，并做了适度的调整。具体步骤如下。

1. 准备。主持人和与会者4~7人。准备好黑板、粉笔、卡片、A3纸、文具。
2. 共识目的。在A3纸的靠上位置写下项目共识的业务场景和目标。
3. 制作卡片。将从个人访谈中梳理的行为亮点汇总后汇报，基于汇报材料，用卡片记录行为亮点。一个亮点记录在一张卡片上，要求语言简练，可以采用"通过……实现……"句式。去除重复内容，形成一套卡片，复制卡片，人手一套。
4. 小组归纳。每个人按自己的思路进行卡片分组，把属于同一行为亮点的卡片放在一起，并加一个适当的标题，用绿色笔写在一张卡片上，称为"小组标题卡"。不能归类的卡片，每张自成一组。
5. 中组归纳。将每个人写的小组标题卡和自成一组的卡片都放在一起，去除意思重复的卡片。经与会者共同讨论，将内容相似的小组卡片放在一起，再加一个适当的标题，用黄色笔写在一张卡片上，称为"中组标题卡"。不能归类的卡片自成一组。
6. 大组归纳。如有必要，再重复中组归纳的逻辑，进行大组归纳，得到大组标题卡。
7. 建立联系。利用树状图或金字塔原理将卡片排列并联系起来，确保无重复内容。探讨最高层级卡片（一直未能归类的行为亮点也属于最高层级）之间的逻辑顺序或关系，进行场景分类或流程分类。如有必要，将最高层级卡片汇总在一起，看看是否能很好地完成预设业务场景中的任务，如果不能，可进行逻辑补充。

> **8.** 补充完整。由逻辑补充而成的最高层级,需要具体的行为亮点来支撑,对此可以进行现场补充描述,依然以"通过……实现……"句式描述。

亲和图是一种向上分类归纳的方法。如果遇到不同成员之间分类逻辑不一致的情况,可尝试用维度分类法,思考最高层级卡片的内容是否存在概念上的交叉或部分重叠。

总之,关键动作是敏捷绩效改进的枢纽或核心,在关键动作的定义和讨论上需要花费足够的精力,使得关键动作的具体定义足够清楚,且归纳的逻辑具有洞见性,因为在后续的数据分析、复盘反馈、行为辅导、案例输出、项目总结中,关键动作是最核心的语言。

第 5 章
追踪行为记录

吉尔伯特在《人的能力》一书中首次提出绩效潜力公式：

$$P=BA$$

式中　P——绩效（Performance）；

　　　B——行为（Behavior）；

　　　A——业务成果（Accomplishment）。

在这个公式中，行为和成果是有因果关系的。如果只有行为，没有成果，当然算不上绩效；如果只有成果，但成果并非员工行为带来的，那也不能称之为绩效；如果管理者只看成果，不关注员工行为，绩效目标也难以达成。

但行为是怎么一步一步带来成果的呢？脱离具体业务场景，吉尔伯特也无法给出因场景而异的具体答案。作为实践者，你必须回到不同的业务场景，分析行为和业务成果之间的完整逻辑。这个逻辑一旦建成了，你就拥有了绩效行为和绩效成果的跟踪器，指导你摘取敏捷绩效改进的"低垂的果实"。

经过召开关键动作讨论会，你将得到一串分类清楚、排序有逻辑的关键动作序列，就是吉尔伯特的绩效定义公式中所说的"行为"。

那么，怎么把一系列关键动作转化成行为-成果的跟踪器——一张能有效记录绩效行为的问卷呢？本章要阐述的核心问题，就是如何在问卷设计上做好追踪行为和成果记录的安排。

关键动作和业务成果之间还有什么指标

在找行为亮点阶段，你根据绩效排名找到了关键绩效人（处于绩效前10%的员工），从关键绩效人的经验中萃取出了关键动作。你当然有理由相信这些关键动作就是带来更好的业务成果的原因。那么，在追踪行为记录的问卷中，你是否只需要记录关键动作和最终业务成果就可以了？

答案是否定的。

关键动作和最终业务成果之间可能还存在一些中间指标。这些中间指标与关键动作和最终业务成果共同构成了一个更精细、更完整、与业务有关的数字逻辑链条。

以临床治疗为例，已知服用某种降压药可能降低肾移植的风险，那么该如何分析这种降压药是如何降低肾移植风险的呢？

构建"服药"与"肾移植概率"之间的直接关联分析并非不可以，但它未能反映治疗效果传导的全程全貌：服用降压药—降低血压—改善肾小球微环境，减少肾功能损害—降低肾移植风险。

在这个链条中，"降低血压"是"服用降压药"的即时效果指标，在医学上称为中间指标，而"降低肾移植风险"则是远期效果指标，在医学上称为终点指标。终点指标是医疗的最终目的，也是业务的最终目的。

同样，使用关键动作，也可以有一个即时效果指标。对应到一对一的销售拜访工作中，就是客户对你做出的某关键动作的态度与反应。例如，当你采取"与竞争对手的产品进行性能对比的演示"这个关键动作时，客户的反应是兴奋好奇，还是漠不关心，抑或是中立？

拜访过程中客户的态度积累，显然会影响其在拜访结束时给你的承诺的质量。而这个承诺的质量，可能会影响最终的成单数量和金额。

终点问题节点化

在销售业务场景下，关键动作和业务成果之间的完整逻辑大多是这样的：客户选择—使用关键动作—关键动作的即时效果（客户反应）—客户承诺—业务成果。

这就是行为-成果逻辑，它将绩效改进顾问孜孜以求的业务终点指标转化成一连串的节点，从而建立了行为-成果逻辑的总纲，我将这个过程称为"终点问题节点化"。

具体来说，对于重复购买的销售拜访工作，其行为-成果逻辑可以写作：客户选择—使用关键动作—客户对关键动作的反应—客户承诺—业务成单数。

对于长周期、大订单的销售拜访工作，其行为-成果逻辑可以写作：客户选择—使用关键动作—客户对关键动作的反应—客户承诺—业务进展。

对于消费品的柜台销售工作，其行为-成果逻辑则简单不少，可以写作：客户群体选择（可选）—关键动作使用—客户对关键动作的反应（可选）—业务成单数或金额。

对于稳定关系下的重复销售，就像在同一个池塘中不断地向外抽水，展现的业务成果是持续的，只要观察每日"水流"的变化，就可以判断业务成果的大小。

对于长周期、大订单的销售拜访工作，更像艰难地推动巨石，最终成果一般要历时数月或数年才能出现。可以观察的每日成果是巨石所处的位置。

柜台销售人员面对的客户很多是陌生人，他们的销售工作更像"采集野果"，对客户的选择具有随机性。可以观察的每日成果是采集筐内果实的数量和大小。

每日追踪工作成果是敏捷绩效改进的前提，所以对于重复购买的销售拜访工作，可以每日记录特定客户的购买数量或金额；对于长周期、大订单的销售拜访工作，只能每日记录销售项目的进展；对于消费品的柜台销售工作，可以每日记录进店人数、销售数量或金额。这是不同业态在业务成果指标选择上的常见差异。

节点问题层级化

当你把业务的重点指标转化为包括"使用关键动作"在内的多个节点后，就形成了行为-成果逻辑的总纲，接下要做的就是对总纲上的每个节点进行分类或分级展开，形成条目。有"纲"有"目"，就能做到纲举目张，从而构建具体场景下的行为-成果跟踪器。从某种意义来说，它也是业务现实投射在业务数据上的镜像，这个镜像不是自然而然产生的，而是源自你对业务的深入洞察与主动理解。

某公司"扩展经典课程在国企销售"项目（见表5-1），属于典型的长周期、大订单销售项目，且业务人员已经与客户建立了一定的联系或有其他课程方面的合作，项目发起人希望打开一款经典课程产品在国企的销售局面。

表 5-1 节点问题层级化举例

使用关键动作	客户对关键动作的反应	客户承诺	业务进展
关键动作1~13	赞同或主动回应 表现出兴趣 不置可否 表示疑虑 明确反对或不关心	拜访成功 拜访进展 拜访暂停 拜访失败	了解情报 初步推进 深入介绍 试听评估 签约跟进

考虑到该项目长周期大订单销售的特点，项目倾向于将业务成果的衡量指标设定为"业务进展"而非"成单金额"或"成单数"。

经过关键绩效人访谈，首先从他们的经验亮点中获得了关键动作1~13。由于整个组织在该业务场景下的成功经验不多，因此在描述关键动作时未完全按照"通过……实现……业务价值"句式。

- 动作1：明确国企培训体系与青年干部培养的需求。
- 动作2：传递该课程服务针对国企的关键信息。
- 动作3：主动要求引荐与深入介绍的沟通机会（补）。
- 动作4：结合国企HR案例，解析课程模型。
- 动作5：按照背景、挑战、方案、产出4步介绍同行业客户成功案例（补）。
- 动作6：提出嵌入对方培训体系的整体方案。

- 动作7：通过传递课程整体价值来处理客户的价格疑虑。
- 动作8：主动邀请关键决策人参与试听或探讨签约意向（补）。
- 动作9：多轮沟通，确保客户如约试听（补）。
- 动作10：当场收集客户试听反馈，引导客户关注课程优势。
- 动作11：与客户探讨课程落地计划与签约意向（补）。
- 动作12：询问审批流程，推动合同进展。
- 动作13：协助客户完成项目报告，传播课程价值（补）。

经过召开关键动作讨论会，用亲和图归纳形成了有关该课程在国企销售的业务流程，具体如下。

- 了解情报（补）。
- 初步推荐（关键动作1~3）。
- 深入介绍（关键动作4~8）。
- 试听评估（关键动作9~11）。
- 签约跟进（关键动作12~13）。

其中，"了解情报"属于归纳分类后讨论发现的缺失业务环节。考虑到该项目聚焦的客户均为老客户，故在实际打卡问卷中，将其作为客户入选的标准，该环节下不设关键动作。关键动作3、5、8、11属于归纳分类后讨论发现的缺失动作，这也进一步印证了组织内关键绩效人不足以拼出完整的关键动作序列。

形成的业务流程一方面用于与关键绩效人和一般绩效人全体人员的沟通，使其快速形成对业务流程的整体理解和对关键动作的快速记忆，另一方面用于终点指标——业务成果的层级化定义，成为衡量长周期、大订单销售进展的标准。

对于终点指标之前的节点——客户承诺，需要进行层级化处理。由于客户承诺是每次面对面或在线拜访之后形成的客观结果，因此将客户承诺分为4个等级。

- 拜访成功。
- 拜访进展。
- 拜访暂停。
- 拜访失败。

对于客户承诺之前的节点——客户对关键动作的反应，也需要进行分层处理。

- 赞同或主动回应。
- 表现出兴趣。
- 不置可否。
- 表示疑虑。
- 明确反对或不关心。

对于客户对关键动作的反应之前的节点——使用关键动作，则直接以动作编号进行分类即可。

至此，具体业务场景（某公司扩展经典课程在国企销售）下围绕关键动作构成的行为-成果逻辑，实现了节点问题的层级化（或分类）处理。

各节点的层级之间形成了多维度的排列组合，可以产生非常丰富的关联分析，使绩效改进顾问能以"高分辨率"分析微观业务的过程（见图5-1）。

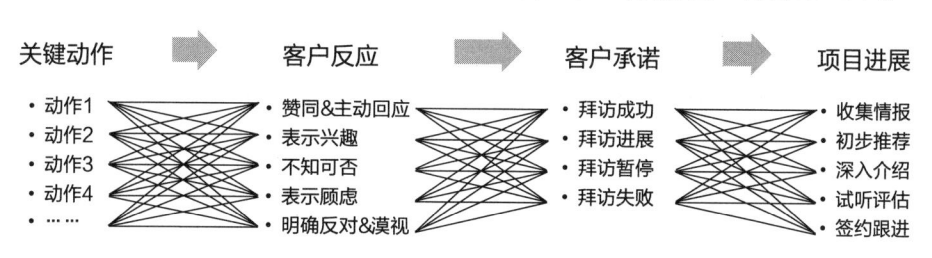

图 5-1 节点问题层级化后形成的多维度关联分析

层级问题客观化

对行为-成果逻辑进行层级化处理之后，便产生了一个新的问题：如何确保项目成员对各层级名称的理解基本一致？因此，需要对每个层级都有一个相对客观的描述，即将定义转化为可辨别、可衡量的事实或数据，从而使全体成员对层级的理解趋于一致。

对"项目进展"这一终点指标来说，"了解情报—初步推荐—深入介绍—试听评估—签约跟进"就是一个完整的业务流程。

业务流程中上一阶段的输出，就是下一阶段的输入。明确了各阶段的产出成果为可辨别的事实或数据，就完成了对各层级的明确定义和客观化。

- 了解情报：掌握关键决策人信息、客户组织的年度培训计划。
- 初步推荐：让培训负责人安排一次与关键决策人的正式介绍会。
- 深入介绍：获得购买意向或获得关键决策人参与试听的机会。
- 试听评估：获得关键决策人的购买意向。
- 签约跟进：签署并履行合同，完成项目总结。

例如，"初步推荐"阶段的定义是：让培训负责人安排一次与关键决策人的正式介绍会，意味着你至少得到了培训负责人的口头承诺，如果该承诺最后落实成一个与关键决策人见面的日程安排，它就是一个非常明确的产出；如果培训负责人只是说"你先回去，我看看再说"，则并未使"初步推荐"成功走向下一阶段。

对"客户承诺"这一节点各层级的客观化，也需要以可辨别的事实进行定义。

- 拜访成功：客户明确承诺进入下一业务阶段。
- 拜访进展：客户表示感兴趣，但仍需要满足更多条件才能进入下一阶段。
- 拜访暂停：客户表现出疑虑或拖延，或者沟通因故中断。
- 拜访失败：客户明确表示目前不考虑，取消进程。

在清晰地定义之前，每位销售人员对"拜访成功"的理解肯定都不同：进取心不足的销售人员认为只要客户不把自己赶出门，能和对方说上话，就是拜访成功；雄心勃勃的销售人员觉得只有走完合同流程，款项入账，才算拜访成功。只要有了清晰的定义，销售人员各自的理解偏差就能缩小到合理范围内。

同理，对"客户对关键动作的反应"这一节点的各层级，也需要进行清晰的定义。但是，在行为-成果框架的讨论会上，大家普遍认为销售人员对客户即时反应的观察和理解基本趋于一致，现有层级的描述足够分辨客户的不同反应，故未做进一步的定义和客观化，依然保持为：

- 赞同或主动回应；
- 表现出兴趣；
- 不置可否；
- 表示疑虑；
- 明确反对或不关心。

至此，各节点下的各层级均完成了定义和客观化，使得全员对层级的理解趋于一致，能在统一的标准定义下，进行更有效的经验交流、行为记录和反馈。

客观问题数据化

行为-成果逻辑链各节点下各层级完成定义和客观化之后，需要给各层级分别赋予一个分值，然后以这个分值进行各种对比分析。而类似"使用关键动作"节点下的内容不是分级，而是分类，因此不需要赋予分值。

以"客户承诺"这一节点为例，各层级的分值分别如下。

- 拜访成功：客户明确承诺进入下一业务阶段（4分）。
- 拜访进展：客户表示感兴趣，但仍需要满足更多条件才能进入下一阶段（3分）。

- 拜访暂停：客户表现出疑虑或拖延，或者沟通因故中断（2分）。
- 拜访失败：客户明确表示目前不考虑，取消进程（1分）。

假设经过一周的数据积累，销售人员甲拜访客户10次，在"客户承诺"这一节点的分值为2次4分、6次3分、2次2分；销售人员乙拜访客户12次，在"客户承诺"这一节点的分值为1次4分、6次3分、4次2分、1次1分。那么，甲、乙两人这周在"客户承诺"这一节点上的平均分，分别记为3分和2.6分。经过汇总统计，离散型分级数据就变成了连续型数据，从分数对比中可以明显看出，甲的拜访效率要高于乙。

如果你从直观上感觉甲和乙的平均分差别不大，也可以对各层级分别赋值为10分、8分、4分、1分，计算后则甲记为7.6分，乙记为6.25分，这样的分数对比更明显。

这个赋值的例子并没有把分值设为等差数列，而是根据业务部门对各等级描述的业务价值，决定其应有的分值。

通过终点问题节点化、节点问题层级化、层级问题客观化、客观问题数据化，最终能够在完整的行为-成果逻辑下，完成评估标准的设定，为问卷设计做好充分准备。

追踪行为记录的问卷设计技巧

追踪行为记录的问卷设计有两个基本原则：以分析为导向和同理答题者。

以分析为导向是指对于项目结束后要汇报什么、项目中的工作坊要分享什么数据，问卷设计者必须做到心中有数，以便做好行为指导和学习讨论。通过学习本章前几节的内容，可以在很大程度上让你的问卷设计做到以分析为导向。

同理答题者是指问卷设计者必须假设自己是项目成员，思考自己在日常工作结束后填写问卷时抱有什么样的心理状态和期待，从而在设计问卷时避免设计一些答案存有主观偏倚的问题。简而言之，尽量不要因为问卷的设计有问题而造成答题者敷衍或撒谎。

在这两个原则的指引下，我列出了以下几种基于经验的具体做法。

设置适量的基本信息问题

基本信息包括姓名、市场类型、目标客户姓名或类型、既定市场策略、销售产品、任务类别等，这些独立于行为-成果逻辑之外的基本信息，能够让你拥有更多区隔分析的标签。但是，设置过多的基本信息问题会让问卷变得冗长，让答题者感到厌烦。对于某些稳定的基本信息，可以采取单独问卷一次性填写，以避免在每日问卷中让答题者重复回答。

隐藏出题者的意图

很多时候，答题者会猜测出题者的意图，进行"讨好式"回答，影响客观性。为了避免这一点，设计问卷时应刻意隐藏出题者的意图，具体做法如下。

- 避免在题目中透露出题者的价值取向。例如，某些网站为了获得客户支持，会把不希望客户点击的按钮内容写成"狠心拒绝"，这就属于特意透露出题者的价值取向，诱导应答者选择；作为每日打卡的行为记录，过于正面或负面的形容词都可能会让应答者刻意趋向或回避某些答案。
- 每个答案的赋值都不予展现，避免答题者斟酌、比较分数，从而选择不符合实际情况的答案。
- 如果某些题目之间具有一定的关联性（用以检验问卷效度），应分散布置，避免答题者刻意撒谎，对问卷进行串供式答题，导致问卷分析者难以识别无效问卷。

用随机排列答案的方式消除敷衍带来的偏倚

某些答题者采用"所有答案都选A"等方式，敷衍每日问卷打卡。为避免这种情况，可以在设计问卷时采取随机排列答案的方式，尽量消除因答题者敷衍而导致"A选项比例明显偏高"的偏倚。当然，这是不得已的应对之策，最好的办法是尽量与答题者沟通每日问卷打卡的价值和意义，不要把每日问卷打卡变成KPI，要主动保障问卷的有效性。

使用先易后难的策略和简明原则

为了吸引答题者认真完成一份问卷，最难的题目，如需要书写大段文字的题目，应该放在最后，先易后难能让答题者感觉更好。问题设置和问卷长度要遵循简明的原则。

举个例子，某问卷中的一道题目是这样设计的。

针对该客户的拜访，最终结果是：

- 拜访成功：客户明确承诺进入下一业务阶段（4分）。
- 拜访进展：客户表示感兴趣，但仍需要满足更多条件才能进入下一阶段（3分）。
- 拜访暂停：客户表现出疑虑或拖延，或者沟通因故中断（2分）。
- 拜访失败：客户明确表示目前不考虑，取消进程（1分）。

这道题目的问题在于：

- 出现了"成功""失败"等有价值取向的形容词。
- 应该用于后台计算的分值被直接展示在选项中。

如果将这道题目改为以下形式，则可以让答题者聚焦事实，客观地回答问题。

针对该客户的拜访，最终结果是：

- 客户明确承诺进入下一业务阶段。
- 客户表示感兴趣，但仍需要满足更多条件才能进入下一阶段。
- 客户表现出疑虑或拖延，或者沟通因故中断。
- 客户明确表示目前不考虑，取消进程。

要做好对行为记录的追踪，就必须做到既从分析者的视角看问卷，又从答题者的视角看问卷。从分析者的视角看问卷，要求出题者提前想好分析框架，不能等到数据到手了再去想能从中找到什么有价值的信息；从答题者的视角看问卷，就需要让问卷内容足够友好且简明客观，不具有诱导性，别让每日问卷打卡成为答题者的"愤怒之源"。

第6章

对照行为−成果

第6章 对照行为-成果

对照行为-成果的意义

通过终点问题节点化、节点问题层级化、层级问题客观化、客观问题数据化，你建立了一个具体业务场景下的工作行为和工作成果的追踪器。建立这个追踪器的目的只有一个，那就是跟踪和洞察绩效行为，分析关键动作的有效性：哪些关键动作真正有助于最终的业绩成果？哪些对业务成果没有决定性影响？那些有效的关键动作在多大程度上、需要什么时机和条件才能推动业务成果？

很多人可能会质疑：这些关键动作不都是从关键绩效人的成功经验中萃取出来且历史经验已经证明有效的绩效行为吗？我只需要跟踪这些关键动作就好了，为什么还要去洞察、验证呢？

这一质疑是有道理的，敏捷绩效改进模型第一步——聚焦业务场景，就是建立一种约束条件，以便解决经验不可复制、难以流动的问题，我相信这有助于提高关键动作的有效性。但是，这种相信并非绝对的，因为不能排除关键绩效人的"回忆偏差"，也不能完全排除他们的"幸存者偏差"。

例如，当你访谈关键绩效人的成功经验时，可能存在一些当事人不便提及的成功因素。但为了合理化自己成功的结果，对方不得不"脑补"一些所谓的"经验"，从而对关键动作造成混淆。

退一步讲，即使关键绩效人不存在刻意隐瞒，也可能存在夸大个人成功经验的潜意识偏差。对于这一点，你只需要看看媒体上活跃的"成功人士"们的各种夸夸其谈，就知道这种潜意识偏差的普遍性。当然，通过使用扎实的访谈技巧和前期的行为差距分析，你可以在很大程度上掌握真实情况，但依然不能保证所有的成功经验——这些关键动作，都是同等有效和重要的。

更重要的是，聚焦业务场景的这一约束条件并非严格的数学公式，在同一个敏捷项目中，业务场景也还是可以再细分的，这就意味着一定存在这些关键动作对某些情境更有效的情况。

简而言之，经验虽然是可靠的，但你依然需要利用科学的实证方法建立行为-成果的关联分析，以避免陷入经验主义的陷阱。

飞不回来的轰炸机不会说话

第二次世界大战期间，在欧洲和太平洋地区，盟军的战机以惊人的速度被击落。战争初期，超过4万架战机因为受到德军和日军的对空高射炮攻击而坠毁。1943年8月的一天，在一场由盟军联合发起的空袭中，有超过60架B-17、B-24轰炸机被击落。

损失率如此之高，空军指挥官坐不住了，盟军迫切需要解决轰炸机损失率的关键问题。飞行员们也要求为飞行在敌人领空的飞机设计和开发新的装甲防护。

空军想增强飞机的安全性，但只能对飞机的一小部分进行装甲强化，因为每增加一磅装甲，就会减少一磅炸弹的有效荷载能力，从而降低战机的攻击能力。

那么，到底应该把装甲安在飞机的哪些部位呢？空军请出了哥伦比亚大学统计学教研室的亚伯拉罕·沃尔德教授。沃尔德从小就是一名罗马尼亚"神童"，1931年获得维也纳大学数学博士学位。1938年，他逃离奥地利的纳粹集中营来到纽约，之后一直在大学任教。

沃尔德教授受命于危难之际，带领一组统计专家来到前线。他在各个部队走访了一圈，然后制作了陆军航空队所用的B-17、B-24等轰炸机的大尺寸模型。接下来，只要有执行任务的轰炸机部队返航，统计学家们就会在第一时间去机场，详细地记录下每架轰炸机的损伤情况，随后在模型上用墨汁将所有被击中的部位涂黑。

两个月过去了，在轰炸机模型上，除了几个很小的部位还是机身原来的颜色，其他部位都被涂黑了。很多部位显然被反复涂过多次，墨汁都已经像油漆一样凝结成厚厚的一层，那些都是飞回来的轰炸机的着弹点。

在陆军航空队司令部会议室，沃尔德教授指着模型，解释了机身被涂黑意味着什么，陆军航空队高层马上建议加强对这些伤痕累累的部位的装甲。

但沃尔德教授的建议恰恰相反："让厂家给轰炸机上这些没有被涂成黑色的部位尽快增加装甲。"在场的几个厂商代表质疑道："为什么是这些没有被击中的部位？难道那些被击中次数最多的部位不需要增加装甲吗？"

沃尔德摇了摇头说："这些部位之所以没有被涂黑，不是因为那里不会被击中，而是因为所有被击中这些部位的轰炸机最终都没有返回基地。"陆军航空队司令非常赞同他的观点，立刻下令让各个厂家给轰炸机的相应部位增加防护措施。

沃尔德教授更厉害的地方在于，在缺少坠落轰炸机着弹点数据的情况下，通过统计推论，计算出了每个部位着弹后的坠毁概率。他计算出发动机只需要被击中一次，就有37%的概率坠毁。

采取沃尔德的建议后，盟军轰炸机部队的战损大幅下降，避免了更多的牺牲，加快了战争胜利的步伐。

飞不回来的轰炸机不会说话，只根据飞回来的轰炸机做决定，很容易得出经验主义的错误结论。同理，只分析关键绩效人做了什么，不一定能得到最有价值的关键动作。只有对照高绩效与低绩效的行为差异，才能得到正确的结论。我们比沃尔德教授幸运的是，所有参与敏捷绩效改进项目的人员，无论绩效高低，都会留下他们的"弹孔"——行为数据。

获得了项目成员的行为数据之后，当然不能只监督他们是否真的在实践这些关键动作，还需要分析这些关键动作带来的业务价值，从而对项目成员进行基于数据统计分析的行为指导。

4种行为-成果评估方法

基于实践，我提出了4种行为-成果评估方法：对比分析、趋势分析、相关性分析、文本分析。

对比分析

对比分析主要包括对项目成员的打卡次数关键动作的一些统计数据进行横向比较。由于只引入了一个数据维度，对比分析属于描述性评估，但它不是一般培训项目的事后描述，而是对比每日发生的行为数据，从而方便对项目成员的绩效行为进行辅导反馈。

如图6-1~图6-3所示是在敏捷绩效改进项目中运用对比分析的图表示例。

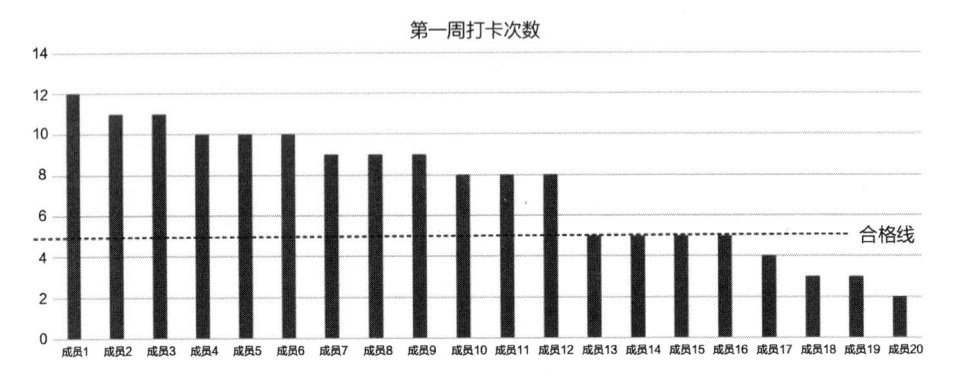

第一周打卡次数

结论：对在合格线及以下的成员予以重点关注，邀请打卡频率较高的成员分享打卡获益。

图 6-1　项目成员打卡频次对比示例

跟踪各项目成员的打卡次数是为了查看项目的第一层目标——投入目标是否达成。成员打卡次数不足可能是因为出勤率不足，也可能是因为出勤正常但疏于打卡记录。以上两种情况都未达到基本行为要求，需要积极干预。

第6章 对照行为-成果

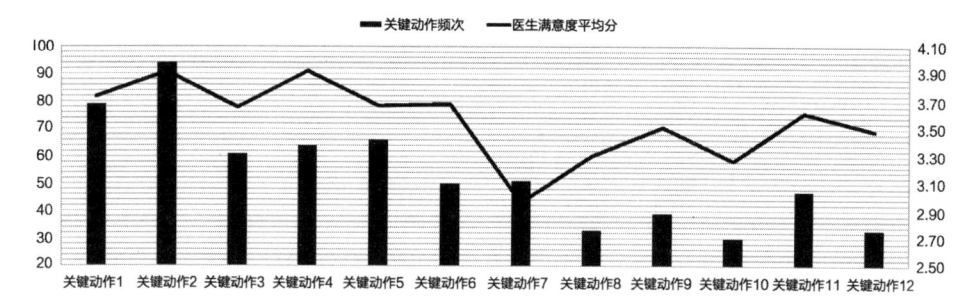

```
图表内容:
纵轴左:20-100(关键动作频次)
纵轴右:2.50-4.10(医生满意度平均分)
横轴:关键动作1至关键动作12

✓ 第一周员工使用最多的关键动作：
Top1: 关键动作2（94次）
Top2: 关键动作1（79次）
Top3: 关键动作5（66次）

✓ 第一周员工认为最有效的关键动作：
Top1: 关键动作4（3.92分）
Top2: 关键动作2（3.91分）
Top3: 关键动作1（3.73分）

结论：第二周聚焦关键动作1、2，展开工作坊研讨且将其作为日常工作必选动作。
```

图6-2 项目成员对各关键动作的选择偏好与效果对比示例

在项目初期，绩效的最终成果未必会显现，特别是长周期或多轮次的销售项目。此时，可以专门分析关键动作的选择频率对比和直接效果对比，关键动作之间必然存在数量和效果上的统计差异，所以其对比成果必然出现以下两种情况之一。

- 量效同步：被记录为直接效果好的关键动作，被项目成员更多地使用，反之则更少地使用（见图6-2中的关键动作1、2）。
- 量效背离：被记录为直接效果好的关键动作，被项目成员更少地使用，反之却更多地使用（见图6-2中的关键动作7、10）。

对这两种现象需要结合具体行业的业务场景进行分析解读，此处仅给出基于过去的经验总结的一些可能原因。

1. 对于项目成员报告直接效果好的关键动作，如果同时出现了更多次的使用，可能与成员习惯停留在舒适区有关，他们只用自己最熟悉、最有效的办法来处理工作和应对客户。也有可能他们成功地找到并实施了关键动作集合中更加有效的部分。
2. 对于项目成员报告直接效果好的关键动作，如果使用频率反而较少，可能是因为大部分项目成员未发现该关键动作更大的价值，导致只有少数项目成员使用了该关键动作，并从中获益。也可能是该关键动作在操作上具备一定的知识技能门槛，只有具备一定经验的项目成员才能用好这个关键动作。

例如，在图6-2中，关键动作10的内容为"帮助客户进行终端用户管理和回访，进行成功案例的分享和反馈"。该关键动作的使用门槛在于，客户是否有自己的终端用户管理工作习惯和系统支持，因此出现了仅有部分销售人员针对有条件的客户采取此关键动作，且取得了较好效果的情况。基于以上分析，项目组认为，"如何帮助和鼓励客户建立自己的终端用户回访机制"应该成为一个业务议题，并在后续工作坊中得以体现。

3. 对于项目成员报告直接效果差的关键动作，如果使用频率反而较高，可能是因为该关键动作需要数量或技能累积到临界值，才能产生绩效。也有可能该关键动作的真实效果需要核实。

例如，在图6-2中，关键动作7的内容为"帮助客户用话术说服终端用户购买"。该关键动作在项目中被项目成员普遍青睐，认为对其业务成果影响极大。但由于他们在以往的日常工作中对关键动作7的关注普遍不足，相应技能并不熟练，且客户作为专业人士，不愿贸然接受销售人员的指导建议，因此客户满意度评分并不高。经过进一步分析发现，这些挑战主要出现在高端机构客户身上，而中低端机构客户更愿意采纳有关话术的建议，这一发现也佐证了项目组的洞察。为此，项目组专门挖掘了关键动作7的最佳实践案例并向项目成员分享，取得了非常好的效果。

4. 如果某些关键动作的使用频次较低，则项目成员报告的直接效果也显示较差。常见的情况是，当前业务所处阶段不适合使用这些关键动作。对此可不做任何处理，继续观察。

以上对4种情形的解读皆为笼统的推测，实践中一定要结合对具体业务场景的追访和讨论进行正确的解读。数据只能提供线索，真相存在于业务之中。

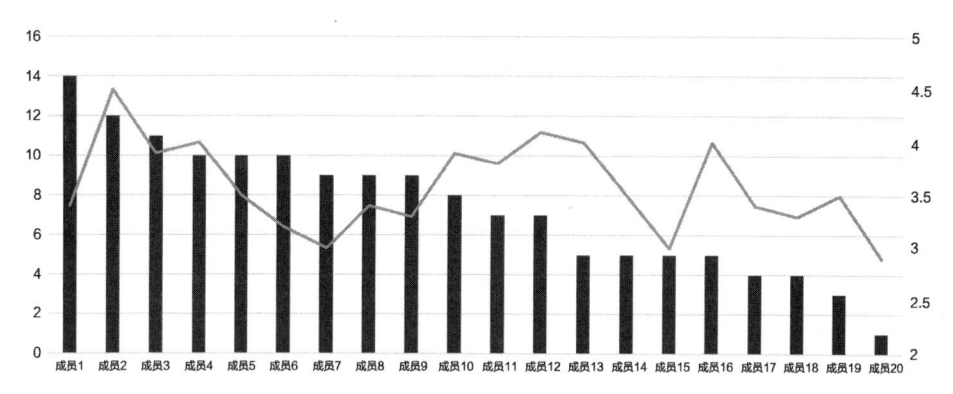

结论：项目成员2在关键动作11的选择与使用效果上较为突出，结合文本分析发现其心得较为丰富；邀请项目成员2分享相关经验。

图 6-3　项目成员对某关键动作的选择偏好与使用效果对比示例

在项目早期，业务的终点指标（如获客数、销售量、客户回购率等）尚未发生质变，可以以业务的过程数据（如客户对关键动作的反应、项目成员对关键动作的效果评价）改善等作为在第一阶段寻找项目内成功者的线索。因此，可以以成员为区隔，查看个人对关键动作的选择偏好和使用效果的对比（见图6-3）。

通过图6-2，可以识别出需要重点关注的关键动作。通过图6-3，则可以识别出该关键动作的合适分享者（出勤率更高、更偏好选择该关键动作，或者使用效果更好），他们可以被看作初步取得成功的项目成员。

趋势分析

趋势分析可以在项目中后期开展，是根据时间的推移来观察过程和成果变化方向的一种分析方法。可以分析的数据包括打卡次数、关键动作满意度等中间指标，成单数等结果指标，每次拜访成单率等效率指标（见图6-4）。

每日打卡次数

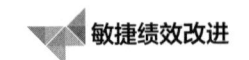

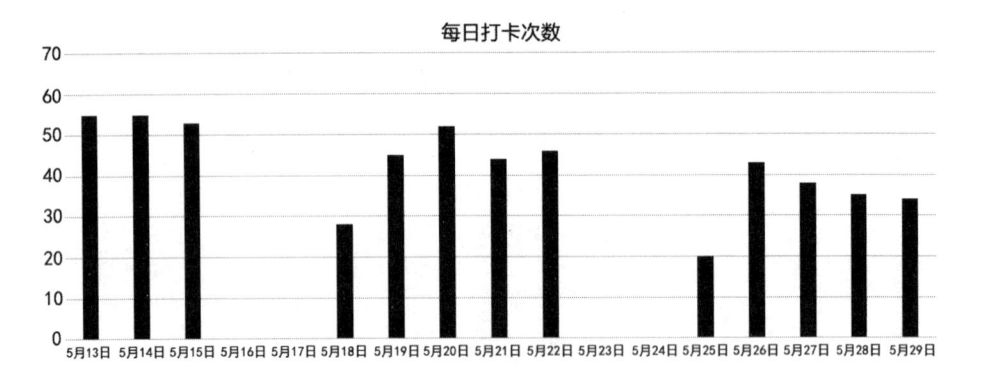

结论：总体打卡次数呈缓慢下滑趋势，周一打卡次数处于低谷状态。

图 6-4　每日打卡次数变化趋势示例

从该项目的打卡次数中可以看出，每周一都会出现打卡数据低谷，且总体打卡次数呈下降趋势。后经分析发现，每周一按时完成打卡比较具有挑战性，导致不少人不能按时提交工作行为数据。于是，项目组随即改变规则，允许在周二提交周一的工作行为数据，从而有效减少了数据流失。对于总体打卡次数下降的原因，经访谈发现，项目成员获得客户的口头承诺之后，就减少了拜访行为，另有一些人则对一直签不了订单的客户产生了变更客户的想法，这些问题均在后续工作坊中得到了有针对性的干预。

如图6-5所示，分析发现，项目目标进展顺利，拜访成功率（用"客户承诺"来定义拜访成功）明显有所提升（由45%提升至83%），单次拜访成单数也有明显改善（由0.74提升至1.67），这意味着销售效率的提升。从图6-5中可以看出，客户承诺的明显变化发生在5月22日，而销售人员单次拜访成单数的跃升发生在5月27—28日，这意味着客户承诺的兑现存在大约一周的时间延迟。

前两周拜访成功率与单次拜访成单数趋势

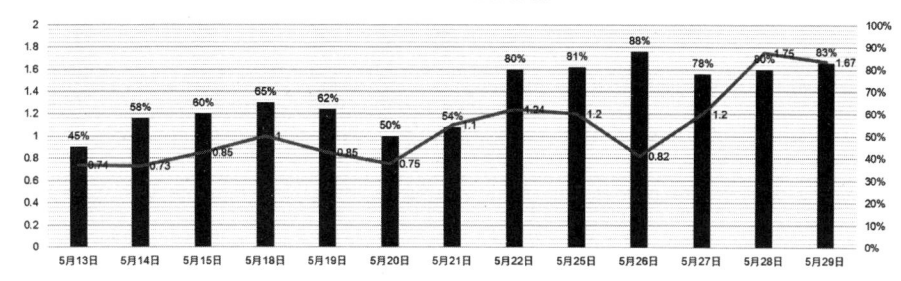

结论：拜访成功率：(客户承诺)呈上升趋势，单次拜访成单数随拜访成功率的提升而提升，说明获得客户承诺是销售成功的有效预测指标，应在工作坊中予以重点关注。

图 6-5　业务成果变化趋势示例

趋势对比不仅可以呈现事物的变化，还可以呈现变化的落差，从而寻找可能的干预机会。

如图6-6所示，分析发现，在正式准入市场（A类市场），客户承诺更容易兑现；在非正式准入市场（B类市场），客户承诺比较难以兑现。进一步分析发现，在非正式准入市场，机构客户说服终端用户购买本公司产品存在信任障碍，因此应准备相应的工具来消除非正式准入市场中终端用户的信任难题。

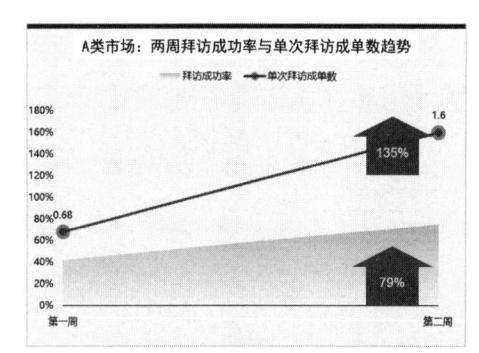

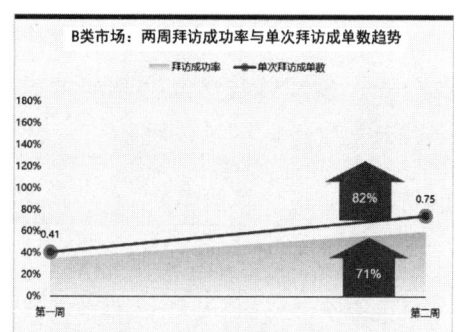

结论：已知拜访成功率（客户承诺）对单次拜访成单数有正向影响。A、B两类市场同期拜访成功率提升幅度相似（分别为79%和71%），但两者带来的单次拜访成单数相差较大（分别为135%和82%）。这说明B类市场客户承诺之后兑现的概率不如A类市场，因此应识别阻碍客户承诺兑现的市场因素，并加以应对。

图 6-6　业务成果在不同市场（业务场景）的变化趋势对比示例

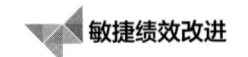

相关性分析

还可以借助行为-成果对照方法进行相关性分析。在医学研究中，有一类被称为Case Control的研究范式，属于执果索因的相关性分析方法。

例如，医学专家寻找一组肺癌患者，再寻找一组健康人群，分别调查两组的吸烟史和饮酒史，从而发现肺癌患者与健康人群在吸烟频次和饮酒频次上的差异，从而确定吸烟与饮酒是否分别与肺癌有相关性，以及哪个因素与肺癌的相关性更强。这就是将已知的结果（患肺癌与否）区分为两组，分别考察相关疾病因素在两组中出现的频次差异。

敏捷绩效改进的行为-成果对照采用的就是这种方式，将已知的业务成果（销售拜访的成败、销售效率的高低）区分为两组，分别考察相关因素（关键动作的选择及质量、打卡次数、细分业务场景）在两组中出现的频次差异。

简而言之，就是看关键动作等因素在不同结果组中出现的频次差异，以确定哪些关键动作或因素是最主要的相关因素。

下面以行为-成果逻辑链条为例，看一下可以进行哪些相关性分析。

业务中间指标与终点指标之间的相关性分析

例如，对拜访成功率（客户承诺）与平均每次拜访成单数进行相关性分析。基于以往多次项目经验，我们认为客户承诺是销售结果的一个非常明确、有效的中间指标，在如图6-7所示的项目中也不例外，且两组的差异具有统计学显著性。

某项目因所使用的样品属于特殊资源，故特意分析关键动作之一"样品使用"与业务成果的相关性。线性回归显示两者高度正相关，从而为项目进一步行动指明了方向（见图6-8）。

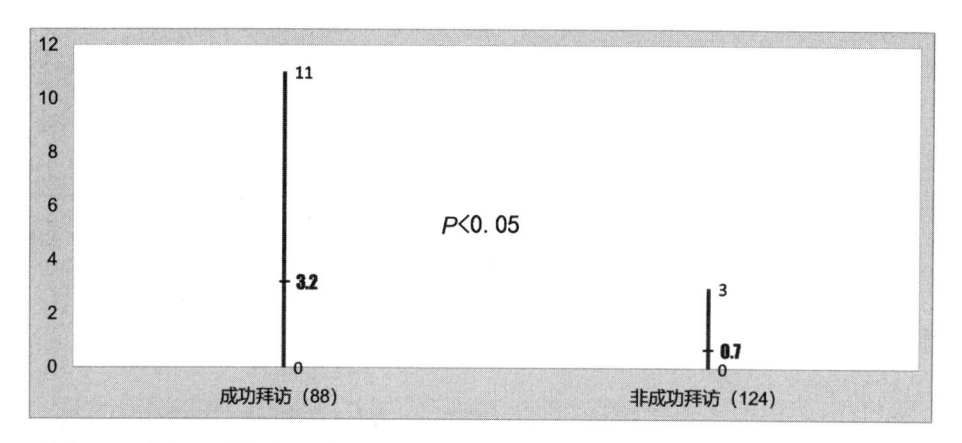

结论：两周结束，共获得成功拜访88例，成单数最低为0单，最高为11单，平均3.2单/拜访；非成功拜访124例，成单数最低为0单，最高为3单，平均0.7单/拜访，采用非参数检验计算P值小于0.05，说明拜访成功（客户承诺）对销售结果影响显著。

图 6-7 不同业务结果指标的相关性分析示例

业务成果（不包含样品）与样品使用量呈线性正相关

结论：以小组为单位，样品使用量与销售量明显呈正相关关系，建议加大样品的推荐力度，同时应从已有数据中寻找样品使用效率（业务结果/样品使用量）最高的个人分享使用经验。

图 6-8 关键动作（可量化）与业务成果指标的相关性分析示例

在确定相关性的前提下，分析个别项目成员或细分业务场景下出现的中间指标和销售终点指标的背离情况，也是值得追访、探究的问题（见图6-9）。

在图6-9中，门店11、12在促进客流转化客单方面的关键动作有更精准的做法，而门店7对该关键动作有所忽视。据此，绩效改进项目对该关键动作展开了专门的训练跟进，从而进一步提升了各店的日均营业额。

敏捷绩效改进

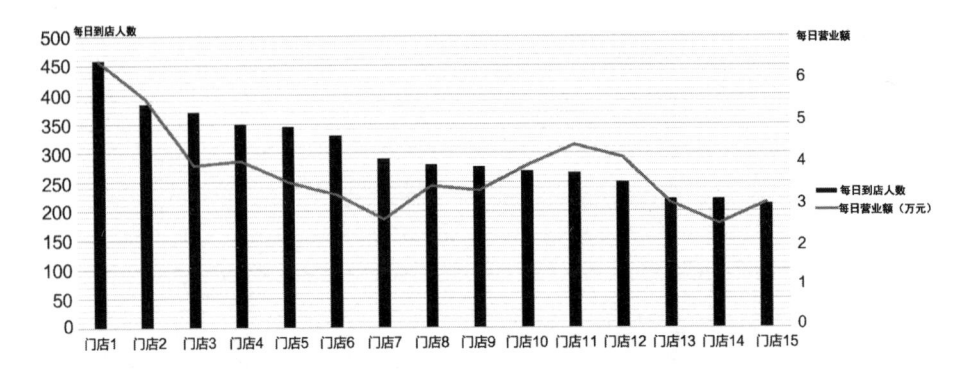

结论：门店7在到店人数转化为营业额方面数据异常偏低，而门店11、12在转化方面表现优异，分别可以作为挖掘和分享的对象。

图6-9　确定相关性后，项目成员之间两个（以上）业务指标对比示例

业务成果指标与不同关键动作选择或使用效果的相关性分析

业务成果指标（包括中间指标与终点指标）与不同关键动作选择或使用效果的相关性分析是人们采用最多的分析方式（见图6-10）。

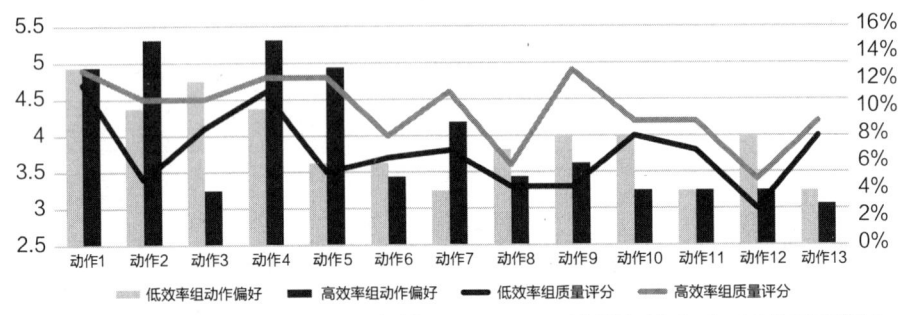

结论：高效率组比低效率组更偏好选择关键动作2、4、5、7，且在关键动作2、5、9上效果区别最大，故建议选择关键动作2、5作为第三周工作坊重点，建议项目成员重点学习模仿高效率组对关键动作2、5的使用经验。

图6-10　基于工作成果（效率）分层，对比关键动作与成果相关性示例

如果业务成果高、低两组在某个关键动作的选择上差异最大，可以认为这个关键动作的选择可能会在更大程度上影响业务成果；如果业务成果高、低两组在某个关键动作的使用效果上差异最大，可以认为这个关键动作的质量可能会在更大程度上影响业务成果。对于前者，需要提醒更多项目成员使用该关键动作；对于后者，需要项目成员进一步分享

该关键动作的使用心得与经验，甚至组织一些练习反馈。

业务成果与其他因素的相关性分析

例如，业务成果指标与打卡次数、细分业务场景等其他因素的相关性分析。

一般来说，打卡次数也是业务成果的正相关因素，个别项目成员如果出现数据上的背离，可能是因为打卡数据不准确（合并打卡次数或虚假打卡数据），也可能是因为他们具有更高的工作效率。

以上三点是数据分析部分最核心的操作——对照行为与成果，基于行为与成果之间的相关性大小，建立干预措施。

我之所以在此处一直强调各要素（包括关键动作在内的所有可能影响业务成果的要素）与业务成果之间是相关关系，而非确证的因果关系，是因为人们的因果思维惯性容易忽视以下两种例外情况。

- 因果倒置：原因和结果解释颠倒。例如，打卡的积极性与业务成果之间出现强相关性，常见的解释是积极打卡能带来好的业务成果。但不排除另一种可能：因为业务成果做得足够出色，才有精力腾出时间来打卡。这是一种因果倒置，此时如果强行干预要求保证打卡，未必能改善业务成果，甚至可能适得其反。

- 同因双果：总是同时出现的两个相关现象来自同一个原因，而不是它们之间有因果关系。此时调整其中一个因素，并不能带来另一个因素的改变。这在医学实践中非常常见。例如，转氨酶是肝细胞死亡破裂后释放入血液的一种蛋白质，肝功能损害也是肝细胞死亡带来的结果。所以转氨酶含量升高总是和肝功能损害同时出现，两者是同因双果的相关因素。当出现转氨酶含量升高的异常情况时，就要考虑是否有肝功能损害，实施保护肝细胞的干预治疗。但是，有种药物的作用是清除血液中的转氨酶，这种降低转氨酶的干预措施，并不能延缓肝细胞的死亡破裂，反而可能掩

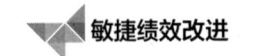

盖疾病发展的真相。

在敏捷绩效改进项目中，如果关键动作A和B总是同时出现或同时消失，并不能说明两者之间具有因果关系。要求项目成员更多地使用关键动作A，不会自动提升他们使用关键动作B的频次。事实可能是这两个关键动作的性质、对能力的要求或实施条件相同或相似，从而导致它们是同因双果。

总之，要想在预测性评估的基础上实现干预性评估，有必要分清因果关系与相关关系。前者可以让你提前主动干预原因，以便带来更好的结果；后者可以让你在一个因素出现时，提前做好另一个因素出现的准备，进行适应性的被动干预。

文本分析

文本分析的价值

对比分析、趋势分析和相关性分析都是基于结构化数据进行的分析。这些分类和格式清楚的数据，来自人们对行为-成果逻辑的预设，因此可以直接拿来进行分析处理，只需要运用Excel或专门的分析软件，就可以快速做成图表。

文本分析则来自每日打卡留下的文字记录，它们属于非结构化数据，人们并不能预设可以从中得到哪些具体信息。但文本题目必定会透露行为-成果逻辑之外的更多工作细节，如客户的语言反馈、销售人员的真实对话、某段任务的具体描述。具体需要挖取哪些细节取决于绩效改进顾问的分析需要。只有对文字进行标注和统计处理，才能得出有价值的结论。

为什么这些信息不用结构化的方式（如选择题、分值题）来进行简单的收集呢？

因为凡是明确给出答案的选择题，多少都带有一定的提示和诱导性，如果打卡全部采取选择题的方式，将损失某些可能有价值的线索。

而答题者主动回忆提及的线索，往往独具意义，也隐藏着更多的真相。

假设"客户的情绪处理"是某项目需关注的次要内容，如果用选择题进行信息收集，问题可能被设计成"经过你的应对，客户情绪状态如何"，并配有A、B、C、D 4个答案。这种信息收集方式得到的答案都是有划定的范围的。而如果采用文本分析方式，答题者可以自由填写，主动提及某些事项，从而保证答案的真实性和无诱导偏差。

文本分析的另一大优势是适合记录那些重大但出现概率不高的现象或因素，如产品故障，从而减少打卡工作量。

文本分析的劣势也显而易见：耗时费力。一般来说，文本分析大多用于项目结束时的最后一次分析。

文本分析的方法

一般来说，文本分析主要用来分析客户对产品或竞争对手的看法、策略，以及资源的主动使用、员工的工作策略等信息。文本分析通常有以下几个步骤。

1. 确定分析目标和待解决问题。
2. 快速通读或随机选读文本，看看是否能找到以上问题的线索，并留意它们都会被记录成什么样的文字，找出一些常见的关键词。
3. 将关键词进行分级或分类处理。例如，对于产品态度的反馈信息，可以根据形容词表达出来的情绪强烈程度进行简单的层级划分，将"太差劲""再也不会买了""白给我也不用"归为0级；将"一般""还凑合"归为1级；将"还不错""可以用"归为2级；将"挺好的""很好""还会再买"归为3级；将"太棒了""是个惊喜""我会向他人推荐"归为4级。
   对于产品异议信息，则可以进行分类处理，将其分成"质量""价格""易用性""效果""其他"等几个方面进行统计。

> 4. 细读文本，识别、标注关键词并计数。依据以上分类或分级标准，对每份工作报告进行关键词计数统计，把非结构化数据转化为结构化数据。基于我的经验，标注并不需要事先穷尽所有关键词，可以一边标注一边留意是否有相关的新词出现，一旦出现，及时将其并入各等级或各分类，等待后续统一处理。
> 5. 制作文本分析图表。有了分类或等级计数统计，就可以看到具体问题下答案的分布情况，还可以对比随着时间的推移或场景的细分，答案分布情况的变化或差异，从而得到更有价值的洞察。

分析文本的"言外之意"

通过文本中的其他附带信息，还可以有一些额外的发现。例如，填写字数的多少、是否存在复制粘贴情况，都可能反映项目成员的投入程度。

在某个推广数字化互动技术的项目中，员工接到了一个问卷发放任务：向客户发送二维码，了解客户对数字化互动技术的态度。项目组发现，相当一部分问卷返回的IP地址都是相同的，这意味着这些问卷是由同一个设备提交的，原因可能是员工私自填写了问卷，也可能是员工让客户口头回答并替客户扫码填写了问卷。无论什么情况，相同IP地址提交的问卷，都是员工进行了深度干预的问卷；其他问卷则是员工发送给客户让其独立完成的问卷。

经分析，项目组发现，在员工参与的问卷中，负面反馈占75%，而在客户独立参与的问卷中，负面反馈占55%。这说明，数字化互动技术的推广在当时条件下，不但存在外部障碍，还存在相当程度的内部阻力，必须予以重视和应对。

这些有关文字数量、IP地址、填写时间、问卷耗费时长等的信息，都是无成本获得的附带信息，也有一定的分析价值，我称之为"言外之意"。

在某项目中，借助每日打卡的拜访记录文本，对客户谈到产品优劣势的内容进行文本分析（见图6-11），这些内容包含4种情形：主动提及或认同优势、不认同优势、不关注优势、主动提及劣势。对不同的优劣势描述进行汇总归类，最终发现该产品的主要驱动因素为第二个优势。在本例中，文本分析为项目聚焦重点起到了数据支撑作用。

主动提及或回应的优势	感兴趣/认同	不认同	不关注
降低空腹血糖效果更优	35	10	0
瞬感表现、血糖变异性、消除黄昏现象	32	0	1
低血糖现象少，安全性高	15	7	0
各方面均有优势或未进一步寻问	12	0	0
注射灵活	4	0	0
更低剂量	4	0	0
分子特性与药代动力学优势	2	0	0
新产品	2	0	0
项目带来个人发展	1	0	0
关系更好	1	0	0

共分析324例拜访记录文本，其中153例记录有医生观念，125处提及驱动因素，36处提及障碍因素。
结论：全天血糖谱与血糖变异性是该产品目前最无争议的优势，疗效与安全性优势认同率仍需提升。

图 6-11　文本分析（语义识别与统计）示例

数据会诊工作坊

前文已经提及，数据只能提供线索，真相存在于业务之中，所以要形成洞察，必须有业务经验的支撑。绩效改进顾问一般无法完成所有的数据洞察工作，只能基于假设做好数据呈现，然后邀请跨部门成员参与数据的解读分析和洞察预测。跨部门成员业务背景的多样性，会让他们提出更多新的、有价值的分析。

我之前一直强调观察和分析不同结果分组的行为差异——关键动作的选择和使用效果的差异。基于统计学常识，人们知道这种行为差异是必然存在的，两组数据相等的情况反而非常罕见。

但是，关键动作数据的差异只有具备系统性的偏差，才具备统计学意义，才有干预的价值。如果只是统计抽样的偏误，则不具备统计学意义，没有干预的价值。那么，如何确认这些差异是来自统计抽样的偏误，还是系统性的偏差呢？

例如，在第一周的数据分析中，发现高绩效组比低绩效组更倾向于多选择关键动作A。但在第二周的数据分析中，又发现高绩效组比低绩效组更倾向于少选择关键动作A，那么关键动作A到底是比其他关键动作更有效还是相反呢？

以下几条解释和建议有助于缓解大家的"P值焦虑"（P值是统计学术语，用于衡量数据结论是偶然所得还是普遍规律）。

首先，梳理的关键动作来自对关键绩效人的访谈、观察，这些关键动作即使选择错误，最多是效果较差，几乎不可能有害于业务成果。

其次，所分析的数据来自项目成员的全体数据，因而不存在用抽样数据统计来推论全体规律的情况。你分析出来的结论就是项目全体的规律，在数据指导上不用担心以偏概全的问题。

再次，可以更多地关注那些差异最大的关键动作，以及看起来异常但在现实中可以解释的数据。最明显的差异往往也是相对稳定的差异，不太容易出现颠倒或反转情况，因而从经验上看，这种差异更具稳定性和可信度。

最后，现实中一定存在某种亮眼或违反常识且不知如何解释的差异数据。对于这类数据，建议存疑，不加干预，而把焦点放在解释得通且有能力干预的差异数据上。

数据分析的标准化封装

当敏捷绩效改进项目需要在组织内大力推广时，随意扩大参与人员的规模，会导致项目质量和敏捷程度下降。因此，组织需要通过赋能其他人，促使更多合格的敏捷项目管理者出现，推动组织内以小团队的形式"多点开花"。

这一规模化复制的过程，最大的技术瓶颈在于数据整理和分析。因此，样板项目成功之后，在同业务场景下复制的项目，必须降低数据分析的难度。

在同业务场景下复制的项目，关键动作描述和数量、结果指标衡量、打卡问卷设置、分析逻辑均不用改变，甚至可以直接沿用样板项目的某些重要结论。随时改变的是项目成员的行为数据和对实际效果的相关分析。

在分析逻辑不变的情况下，通过Excel或软件编程，将分析逻辑公式化，可形成自助仪表盘。复制项目的绩效改进顾问只需要保证原始数据的质量和导入格式正确即可。

从"绩效改进评估"视角对照行为-成果

绩效改进将评估视为战略，是绩效改进顾问做事的基本方式，而不是一种附加行为。这也决定了评估不应该仅仅成为项目结束后用来证明项目成果的报告，而应该有助于持续校正绩效改进顾问的工作方法以达到项目目标。

绩效改进的评估工作应该是一个非常系统的工程。而敏捷绩效改进将"对照行为-成果"作为项目评估最核心的内容，甚至将它直接植入"知行合一"双环模型™中，背后的考虑是什么？

我们并非对绩效改进项目的各级效果评价不感兴趣，而是坚信绩效改进评估的首要服务对象不是项目经理，而是参与项目的成员（或学员）。

假设绩效改进评估有3个最重要的问题要回答，会是哪3个呢？ATD学习评估专家J. D. Dilon，在2021年ATD年会上给出的答案颠覆了传统的评估思维习惯。他认为绩效改进评估最重要的3个问题是：

- 我做得怎么样？

- 真的有效吗？
- 接下来我该怎么办？

这3个问题和人们过去最关心的"项目满意度如何""有多少人发生了行为转化""项目对业务成果有什么影响"之类的问题有着本质的区别。

传统思维下的评估问题都是以绩效改进顾问为核心视角的，而J.D. Dilon提出来的3个评估问题则是完全以项目参与者（或学习者）为核心视角的，这是一个革命性的视角转化。它不是服务于项目优化或项目报告的，而是真正直接服务于员工绩效提升的，所以它认为评估应该发生在项目的全过程乃至项目的每一天，而不只发生在项目某个阶段结束或整体结束之后。

敏捷绩效改进的行为数据分析，要解决的就是全新视角下的评估问题。

J. D. Dilon在提出上述3个核心问题的基础上，将评估为项目带来的价值区分为4个层级。

- 描述性评估：仅对项目数据进行统计描述。例如，"有多少学员参与打卡？""目前业务增长了多少？""项目满意度如何？"等等。这类评估的特点是从单一数据维度给出一个统计描述，目的只是让人们知道项目进展或结束的概况。传统的项目评估总结基本上都属于描述性评估。

- 分析性评估：对项目数据进行区隔对比，从差异中找到洞察的线索。例如，对比不同团队的参与度差异、不同薪资的学员在业务增长上的差异、不同业务场景下的业绩增长率差异等。针对这些差异，如果能够结合对学习和业务的理解给出令人信服的解释，对项目的改进就具有反馈价值。

- 预测性评估：通过结合时间或其他因素的变化，给出对某一指标未来变化趋势的看法。例如，"业绩成长的趋势是否还会继续？是加速还是即将出现拐点？""能否顺利达成绩效或学习目标？"预测性评估能够使人们从事后干预变为提前预防。

- 干预性评估：根据数据之间的相关性或因果联系做出下一步的行为调整，主动获得想要的成果。例如，发现业绩高、低两组之间差异最大的关键动作后，聚焦提升该关键动作，以提高获客数；发现客户承诺与销售数量之间的因果关系后，加强获得客户承诺的演练，以提高销售量，等等。

J. D. Dilon提倡的评估的价值不应该只停留在描述和分析层面，而应该发挥它的预测和干预作用。本章提倡的"对照行为-成果"，就是在寻找关键动作和业务成果之间的相关性或因果关系的大小，从而实现对绩效的敏捷预测和干预。

第 7 章
优化行为质量

本章是敏捷绩效改进的"临门一脚"。

聚焦一个细分业务场景，在其中寻找关键绩效人和一般绩效人的行为差异。将这些行为差异梳理为关键动作系列。围绕关键动作延伸出一条完整的行为-成果逻辑，再将行为-成果逻辑链条上的每个节点层级化、客观化、数据化，构建一个能够在具体业务场景下，对照行为-成果的追踪器。以上所有设计工作都指向一个目的——改进绩效。

但是，绩效终究不是设计出来的，而是"真刀真枪"干出来的，优化行为质量是敏捷绩效改进实现"知行合一"的最后一步，而刻意练习则是优化行为质量的"密码"。

刻意练习在敏捷项目中效果惊人

易虹老师强调，绩效改进是不以"折腾人"为代价，提高工作成果，先技控，后人控。对此我深以为然，"折腾人"就是在战略方向不明、战术方法不清的情况下搞运动式的人海战术和堆时间的打法，导致员工疲于奔命，管理者焦头烂额。

一旦战略方向明确，战术方法清晰，那么员工投入必要的有效时间去攻坚克难，就成了必然的选择。我分析了一部分实现绩效飞跃的员工分享的经验，发现他们的行为都有刻意练习这一元素。这些经验分享如下所示。

在一个产品准入训战营中，一位成员一开始的感觉是"山重水复疑无路"，直到最后连续获得了产品准入的突破。他分享自己的感受时认为，"目标感很重要，只要确定了目标，就一定找得到通往目标的道路"，而"创造话题，高频拜访跟进"就是他成功的保证。

一位销售人员在很短的时间内连续获得了7个产品的准入许可，这在产品准入训战营中是非常骄人的成绩，其直线经理L女士谈及如何推动下属的准入工作时，说管理者的重视不能停留在口头上，要在行为上体现出来，总结起来只有9个字：定目标、给反馈、给信心。和团队成员探讨产品准入的重要性和具体计划，每个月定期回顾产品准入的进展和挑战，在下属遇到困难、信心不足时，及时给予反馈和建议，以及必要的资源支持。

在一个推动新产品销售的训战营中，所有成员在每日复盘中都需要回顾自己的既定目标与主要策略，并在下一次计划中明确需要保持和适时调整的部分，整个项目团队最终实现了30天业绩增长197%的成果，目标达成率114%。其中一部分成员将项目组教给他们的刻意练习模式巧妙地移植到客户身上，为客户设定一个明确的目标，每天都对客户的行为进行反馈，甚至辅导客户如何影响终端用户，最终收到了非常好的效果。他们发现，一段时间内的高频次、高质量反馈，能够有效地改变客户的购买习惯。

一位成员的业绩增长了310%，他在一开始入营时，对关键动作不以为然，但在实践中遇到了挑战。当他听取了关键绩效人的经验分享之后，才发现过去自己对关键动作的理解并不深入。随着训战的推进，他逐渐形成了自己的理解，将关键动作的编号牢记于心，只要提及某个具体的关键动作，立刻就能形成清晰的行动图景。

还有一位在训战营业绩超额的成员也看到了自己变化：从一开始见客户时不知道沟通什么，到后来可以开展有目标、有方向的主动沟通，到最后形成自己的工作习惯——随时阐述终端用户的获益和产品的优势。自己的心态也从犹豫不决变得有底气、有信心。而他认为自己的改变也带来了客户的变化：一开始，客户并不清楚产品适用于哪类终端用户，但随着用户反馈和自身使用经验的积累，客户认可度越来越高，最终能主动寻找合适的终端用户，积极使用产品。

最后这位成员总结的收获可以代表所有获得绩效飞跃的成员的共同行为特征：每天给自己定一个小目标，知道今天要改变什么；做好充分的前期准备，想好各种意外情况及应对办法；每天重复、高效地执行，每天都比前一天多做一点；及时总结经验，培养客户的习惯，也培养自己的习惯。

我从项目成员的分享中，明显感受到了他们那种受益于刻意练习的喜悦和成就感。遗憾的是，还有一小部分人依然滞留在"刻意练习"这座山峰的另一边，无缘欣赏成功的风景。

那么，绩效改进顾问应该如何全力带领项目成员，一个不落地翻过"刻意练习之山"，实现高绩效呢？接下来我将带领大家回到"刻意练习"理论的要点上，寻找成功的线索。

"刻意练习"法则的研创者是美国佛罗里达州立大学心理学教授安德斯·艾利克森。作为一名心理学家，艾利克森专注于研究体育、音乐、国际象棋、医学、军事等不同领域中的杰出人物如何获得杰出的表现，以及"刻意练习"法则在其中的作用，并著有《刻意练习：如何从新手到大师》[1]等书籍。

刻意练习在内是心理表征，在外是关键动作

在《刻意练习：如何从新手到大师》这本书中，艾利克森从神经心理学的角度，提出了"大脑和肌肉一样，也是越练越强壮的器官"，他对人类大脑的适应力保持非常乐观的态度。他特意分析了各行业绩效卓越者的心理结构特点，提出了"心理表征"这一概念，认为心理表征是大师和一般人的核心区别。

"心理表征"是一种与人们大脑正在思考的某个物体、某个观点、某些信息或其他任何事物相对应的心理结构，它或抽象，或具体。相比一般绩效人，关键绩效人在表征特定工作任务时，能更详尽、更准确地描述背景细节。

---

1 艾利克森，普尔. 刻意练习：如何从新手到大师[M]. 王正林，译. 北京：机械工业出版社，2021.

这非常符合我在长期访谈中观察到的关键绩效人的特点：他们的眼睛就像一台拥有高分辨率的设备，能够看出任务的微妙细节，从而采取他人不易察觉的差异性策略，同时不会失去对全局的把握。

如果说业务场景是一个拍摄片场，那么关键绩效人就是一个拿到详细剧本的资深演员，他清楚地知道自己的任务细节。"胸有成竹"这一成语非常形象地展现了关键绩效人的心理表征。

在设计层面，敏捷绩效改进强调的是外在的、可观察的、可衡量的关键动作梳理，其实就是关键绩效人心理表征的文字表达，它即使不是有关具体业务场景下心理表征的全部，也是其中最核心的部分。

由于各行业或各领域之间心理表征的细节具有极大的差异（关键动作的差异），因此难以给心理表征下一个十分清晰的顶层定义，但是这些表征基本上就是信息预先存在的模式（如事实、图片、规则、关系等）。而关键动作就是关联了具体业务场景的行事规则、基本知识和流程关系。你需要做的，就是通过刻意练习，将这种表征内嵌、内化成为一般绩效人的行为模式。

刻意练习的典型特征对敏捷绩效改进的启示

在《刻意练习：如何从新手到大师》一书中，艾利克森在介绍完心理表征的价值之后，为刻意练习列出了一份清单。接下来就来看看敏捷绩效改进是如何实践刻意练习的。

标杆或标准

艾利克森认为，刻意练习发展的技能，是其他人已经想出怎样提高的技能，也是已经拥有一整套行之有效的训练方法的人拥有的技能。训练方案应当由导师或教练来设计和监管，他们既熟悉杰出人物的能力，也熟悉怎样最好地提高那种能力。

第7章 优化行为质量

在敏捷绩效改进项目中，绩效改进顾问负责设计、梳理关键动作，构建行为-成果逻辑，提高能力的办法就是"模仿杰出人物的关键动作"，由业务经理担任小组导师来负责监管关键动作的学习与实践。

跳出舒适区

艾利克森认为，刻意练习发生在人们的舒适区之外，而且要求人们持续不断地尝试那些超出其当前能力范围的事物。因此，它需要人们付出最大限度的努力。一般来讲，这一过程并不会令人心情愉快。

在敏捷绩效改进项目中，绩效改进顾问聚焦于一般绩效人，鼓励他们走出舒适区。通过数据分析，找到那些先行的学习者已经做到、落后的学习者还未做到的关键动作，将这些关键动作作为练习的重点。这样一来，就可以保证走出舒适区既具有挑战性（暂时没有做到），又不至于太难做到（身边已经有人做到）。

目的明确

艾利克森认为，刻意练习不仅包括得到良好定义的特定目标，通常还包括改进目标表现的某些方面；它并非指向某些模糊的总体改进。一旦设定了总体目标，导师或教练将制订一个计划，以便实现一系列微小的改变，最后将这些改变累积起来，构成之前期望的更大的变化。改进目标表现的某些方面，使得从业者能够看到，通过练习，自己的表现得到了提高。

敏捷绩效改进项目将清晰的业务成果目标转化为可衡量、可追踪的行为数据指标，实现了刻意练习所提倡的特定目标。在项目实施中，绩效改进顾问首先倡导项目成员走出学习模仿的第一步，做出关键动作。然后寻求关键动作的即时效果，再看客户承诺与业务成果有没有变化，从而体现刻意练习中所谓的"将这些改变累积起来，构成之前期望的更大变化"。

聚焦专注

艾利克森认为，刻意练习是有意而为的，也就是说，它需要人们完全关注和有意识地行动。简单地遵照导师或教练的指示去做还不够，项目成员必须紧跟自己刻意练习的特定目标，以便做出适当的调整，控制练习。

敏捷绩效改进项目全程都在聚焦业务场景，不会随意引入其他业务场景的话题，使得项目成员在一段时间内重点关注特定目标。绩效改进顾问通过督导项目成员每日记录和复盘，强调他们的体验与反思，使得他们的行为不是机械地执行，而是"完全关注和有意识地行动"。

有效反馈

艾利克森认为，刻意练习包含反馈，以及为应对反馈而进行调整的努力。在练习早期，大量的反馈来自导师或教练，他们将监测项目成员的进步，指出存在的问题，并提供解决这些问题的方法。随着时间的推移，项目成员必须学会自己监测自己、自己发现错误，并做出相应的调整。这种自我监测需要高效的心理表征。

在敏捷绩效改进项目中，绩效改进顾问每周通过对项目成员的行为与业务成果的追踪打卡，获得具有洞察性的结论，再给予全体项目成员以方向性反馈。小组导师则根据每天的具体行动，给予项目成员具体的个人反馈。

知行相长

艾利克森认为，刻意练习既产生有效的心理表征，又依靠有效的心理表征。提高水平与改进心理表征是相辅相成的，两者不可偏废。随着人们能力水平的提升，表征也变得更加详尽和有效，反过来使人们可能实现更大程度的改进。心理表征使人们能监测自己在练习中和实际工作中做得怎么样。它们表明了做某件事的正确方法，并使人们注意到什么时候做得不对，以及怎样纠正。

所谓知行相长，就是知识的理解促进了行为的发生，行为反过来也促进了知识的理解。这意味着敏捷绩效改进从一开始就不能让对工作任务一无所知的人参与进来，项目成员必须对工作任务形成一定程度的心理表征，具备基本的知识和经验。只有这样，他们才有能力判断自己的行为-成果是否有所进步，这也是我建议对项目成员进行筛选的原因。随着行为实践和每日分享的推进，项目成员对于关键动作必将形成自己的独特经验和看法，而适时的总结和讨论将有助于他们形成更高的表征水平，从而进一步强化他们的工作绩效。

由浅至深

艾利克森认为，刻意练习通过重点关注过去获取的技能的某些特定方面而致力于有针对性地提高这些方面，并且几乎总是包括构建或修改那些过去已经获取的技能。随着时间的推移，这种逐步的改进最终将造就卓越的表现。由于新技能的学习是建立在现有技能基础上的，因此导师会为初学者提供正确的基本技能，使其之后能在更高的层面重新学习这些基本技能。

这意味着一般绩效人对关键动作的掌握不是一步到位的，也不是在某一时点发生的突变，而是在重复应用中呈螺旋式上升。在整个过程中，一开始强调的是意识到关键动作，并努力去尝试，接着开始追求做的质量，直到将关键动作烂熟于胸，成为自己的自动反应。

刻意练习是有效的努力

由以上对刻意练习特征的剖析可知，刻意练习不是一般意义上的"人控"或"折腾人"，而是在正确的方向上，用正确的策略，付出"有效的努力"。对参与敏捷绩效改进的项目成员来说，时间是必然的代价，但它不是唯一的变量，反馈、模仿和复盘总结在其中极其重要。这也是刻意练习所提到的，"一万小时"理论并不准确，只有使用正确的方法，才能更快地获得提升。所以说，刻意练习不仅是刻苦练习，也是精准练习，更是成效卓越的练习。

成功固然激动人心，但过程必定曲折难行，需要耗费人的意志力，否则也就不需要"刻意"二字了。当项目成员身心俱疲，感觉希望渺茫时，绩效改进顾问该如何帮助他们快速通过这一非舒适区呢？

意志力就像人的肌肉，过度使用肌肉会出现疲劳懈怠。借助WOOP理论[1]构建每日打卡复盘、定期分享等学习行为的行动"扳机"，建立"如果……就……"这种条件反射式的刻意练习习惯，将有助于降低对行动意志力的消耗。

独行速，众行远。身边成功者的榜样作用、追赶者的努力和旁观者的期待都会形成项目成员持续努力的新动力，这一现象称为群体场效应。

个体在群体中会觉得自己格外强大，也容易受到群体的感召和激励，就像磁铁身处无形的磁场中一样，环境会深刻地影响个体的行为。这一点在经典之作《乌合之众》[2]一书中已经有过阐述。不过《乌合之众》谈的是个体被群体裹挟释放出无意识的恶，而群体的刻意练习看重的是个体在群体中感受到的关注、支持、陪伴、良性竞争和责任分担。

在项目下建立行动小组，建立群体考核机制，塑造团队荣誉感。当一个人难以坚持每日打卡记录工作时，同伴被拖累会成为他的责任压力，而团队之间的协作也让每个人都有义务提醒和帮助其他成员。

安排同事、领导者入群观摩，也可以形成一定的聚光灯效果，让一

1　WOOP理论，又称执行意图理论，由彼得·M. 戈尔维策（Peter M. Gollwitzer）创立，其妻子布里埃尔·厄廷根（Gabriele Oettingen）在该理论基础上提出了WOOP四步思维法，用于改变想而不做、执行困难的困境，其中的"如果……就……"（If-Then）思维模式，是指根据环境场景创建行动反应的"扳机"（类似于条件反射），从而降低对行动意志力的损耗。

2　勒庞. 乌合之众：群体心理研究[M]. 亦言, 译. 北京：中国友谊出版社, 2019.

般绩效人感受到被关注和被期待，从而更愿意坚持刻意练习。

当一般绩效人走出舒适区，尝试过去不擅长的关键动作时，效果不一定会即时显现，甚至会出现绩效更差的情况。他们可能会因此陷入对自己的怀疑、对关键动作价值的怀疑之中，常常表现出退缩、自嘲和抱怨等行为。此时更需要导师在辅导反馈时聚焦每个项目成员的目标和亮点，而不是聚焦他们的问题和缺陷。关注"是什么关键动作让你有了更多进步"比关注"为什么你还没有做好这个关键动作"更能激发项目成员的斗志，从而形成关键动作熟练和心理表征水平提高的正向循环。

当然，并不是说不能谈及任何差距和困难，而是在谈及差距和困难时，有必要给出解决办法。定期的关键动作讨论工作坊将使落后者有机会模仿先行者的行为，解析自己与先行者在具体任务上的心理表征有哪些差异。这也是为什么每次听到新的经验分享，总是能引起项目成员的热议。

总而言之，刻意练习强调"有效的努力"。敏捷绩效改进强调目标的明确、场景的聚焦、关键动作的指导、高频的反馈和复盘，以及适时的总结，符合所有刻意练习的本质特征。可以说，敏捷绩效改进从员工个人绩效层面提出了极具操作性的做法，这消除了不少绩效改进初学者的误解：绩效改进必须改造业务流程，甚至改变组织战略，才能彻底、系统地解决绩效差距问题。

兼顾业务成果与学习成果

当敏捷绩效改进项目取得了业务目标的突进时，意味着员工在具体业务场景中表现得更好，技能更娴熟，心理表征达到了更高的水平。此时，绩效改进顾问需要将一般绩效人内隐的心理表征水平的提高，转化成外显可见的知识成果，成为组织层面的新经验。

这些新经验具体表现为以下几点。

- 对关键动作的重新定义、操作细节的掌握、运用时机的识别、优先级的排序。
- 对行为-成果逻辑的重新构建。
- 对业务流程的重新认识。
- 对业务成果衡量指标的更新。

取得成功的一般绩效人，可以以最佳实践经验微课、工作报告等形式，将自己的个人经验转化成为组织共有的知识，而这些知识，相比在诊断阶段由绩效改进顾问调查、识别出来的关键动作，是一轮迭代更新，可以称之为"关键动作2.0"。关键动作2.0的实现，将"知行合一"双环模型™中的单次循环变成了无限循环，从而让组织绩效得到了持续的保持与提升。

这一步的价值非常明显，在我经历的多个敏捷绩效改进项目中，项目结束后的分享无一例外地将项目推向高潮。项目成员分享经验时心情激动，自我效能感空前提升；业务部门领导当即拍板将敏捷绩效改进项目转向日常运营，将关键动作的运用变成定期工作汇报的标准内容。这些举措自然形成了一套组织共享的全新业务语言。而不断进入组织的新生力量，都将受到这套业务语言的熏陶和影响，从而实现快速成长。

在第8章，我将讲述如何具体实施敏捷绩效改进项目。刻意练习在敏捷绩效改进项目的实施设计中将得到充分体现。

第8章

敏捷绩效改进实施指南

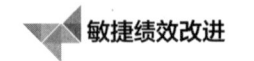

敏捷绩效改进的实施框架

通过前面几章的学习,你已经充分了解了"知行合一"双环模型™的6个步骤。

- 聚焦业务场景。
- 测量行为差距。
- 梳理关键动作。
- 追踪行为记录。
- 对照行为-成果。
- 优化行为质量。

接下来将具体探讨如何从项目实操层面实现这6个步骤,并详细讨论每个操作细节中需要掌握的诀窍和需要避免的陷阱。

"形而上者之谓道,形而下者之谓器。"为了阐明"道"的用处,谈到具体的操作时,必须引入一个"器"——操作流程(见图8-1)。

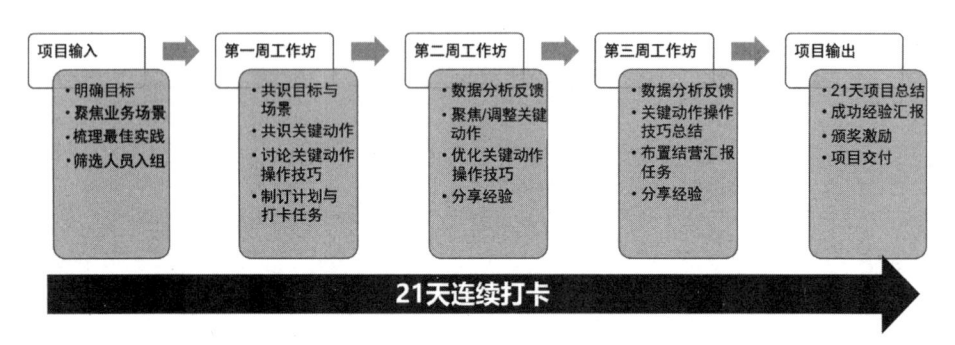

项目输入	第一周工作坊	第二周工作坊	第三周工作坊	项目输出
·明确目标 ·聚焦业务场景 ·梳理最佳实践 ·筛选人员入组	·共识目标与场景 ·共识关键动作 ·讨论关键动作操作技巧 ·制订计划与打卡任务	·数据分析反馈 ·聚焦/调整关键动作 ·优化关键动作操作技巧 ·分享经验	·数据分析反馈 ·关键动作操作技巧总结 ·布置结营汇报任务 ·分享经验	·21天项目总结 ·成功经验汇报 ·颁奖激励 ·项目交付

21天连续打卡

图8-1　21天项目设计框架示例

为了展现敏捷特性,本章所有讨论都围绕线上场景展开,有关线下实施部分,因难度相对较低,故此处不再赘述。另外,为叙述方便,本章将这一项目流程简称为"21天"或"21天项目"。

必须说明的是,"道"是相对统一、通用的,"器"则具有多变性和因地制宜的特点。本书展示的21天项目框架,是基于中短周期销售等业务领域提出的，如果应用在其他业务领域，可能需要做一定的变通，因此它不是敏捷绩效改进的唯一形式。我曾经在长周期销售领域，将21天项目变通为"百天训战"形式，延长了项目周期，变更了项目的评价方式。

回到21天项目框架，对比"知行合一"双环模型™，可以看出：知识环的3个步骤在项目输入阶段得以实现；行为环的3个步骤在三周工作坊阶段得以实现；而知识的迭代升级和双环的永续运转，则在项目输出阶段得以实现。

项目输入阶段

以寻找业务痛点为起点，与业务部门领导（必要的话，应包括业务部门一线管理者和一线员工）共识21天项目所应聚焦的业务场景，明确项目结束时的成功景象：业务成果及学习成果将是什么？

经过举荐和搜寻，找到业务场景下的关键绩效人，通过访谈、问卷、焦点小组等形式，梳理最佳实践的具体做法，形成关键动作初稿。

与此同时，访谈一定人数的一般绩效人（如果是外部咨询，此访谈的必要性将更大）。将一般绩效人提出的绩效难题交予关键绩效人回答，萃取他们的真知灼见。

对于访谈中发现的绩效系统支持问题，也就是罗斯韦尔4W模型[1]（见图8-2和图8-3）中指出的工作场所（Workplace）和工作（Work）层面的问题，可以结合之前分析得出的人员差距（一般绩效人与关键绩效人在态度、知识、技能、潜能方面的差距），以吉尔伯特行为工程学模型的方式进行结构化呈现，让业务部门对环境差距进行优先级排序，同时寻求必要的绩效系统支持的改善。在这里，我强调只寻求必要的改善，因为完整而系统的改善从各方面的成本付出来看，都算不上敏捷和高性价比。

---

1 易虹，朱文浩. "技控"革命，从培训管理到绩效改进[M]. 南京：江苏人民出版社，2017.

我更看重的，是关键绩效人在工作场所和工作层面有效实用、低成本的创新，以及他们完成绩效的关键动作，就像第1章提到的救助儿童会斯特宁的做法：不寻求越南社会层面的大变革，而寻找儿童营养状况好的家庭获得成功的关键动作。

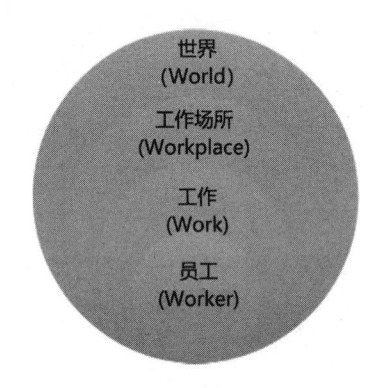

图 8-2 罗斯韦尔 4W 模型

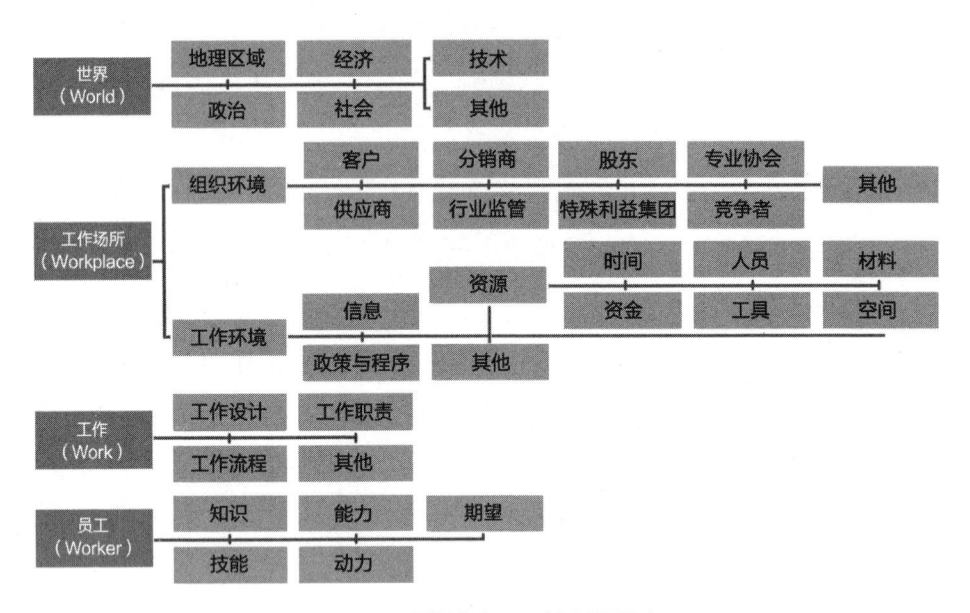

图 8-3 罗斯韦尔 4W 模型子要素

在某21天项目中，经过访谈，我发现关键绩效人自创了一种介绍产品信息的手持卡片，方便客户（医生）在开处方时发放并简单清晰地交代医嘱，从而提高患者使用产品的依从性，促进患者康复。这一手持卡片就是关键绩效人在工作场所层面对销售工具进行的有效、实用的低成本创新，可以成为一种可推广复制的系统支持。

同时，在聚焦的业务场景下，选择合适的人员进入项目。

应该尽量避免两类人员进入项目：与指定业务场景关联度低的人员，如其主要工作任务或预期收入不在指定业务场景中发生或取得；在公司、产品、市场等方面的基本知识不足的人员，如刚入职的新员工、大学毕业生，此类人员需要补充基础知识，难以跟上关键绩效人的实战工作节奏。

人员规模也需要控制在一个适度的范围内方面。需要足够的人数形成足够数量的工作样本，以得出相对可信的高绩效流程与关键动作；另一方面也需要将人数控制在一定范围内，以便切实有效地跟踪、督导相关人员的绩效行为，尽量避免虚假数据或无效数据。

三周工作坊阶段

三周工作坊是21天项目的主体阶段，重点实现"知行合一"双环模型™中的"追踪行为记录"和"对照行为-成果"步骤。前文讲过，工作过程数据的收集与反馈是项目的工作核心，围绕该核心展开的各种学习和督导活动，都是项目的推进办法，具体表现为3周的工作坊安排。

第一周工作坊，需要通过线上会议设计得到一般绩效人对关键绩效人成功经验的认同。这个问题在聚焦业务场景时已经基本得到解决，但仍需在第一周工作坊中精心设计共识环节，因为发自内心的认同是持续高强度行动的前提。然后组织项目成员制定具体业务场景下的工作目标与计划，并强调每日打卡与数据收集的重要意义。

第二周工作坊，总结第一周的行动数据，进行全员线上分享。例如，有关关键动作的统计分布、对照行为-成果分析（如果第一周工作坊结束后，训战营内已经出现成功者，则可以进行对照行为-成果分析），并结合数据追访的业务洞察，给予项目成员明确的行动建议。对重点关键动作组织深度讨论、经验分享等活动，以使项目成员真正掌握关键动作。必要时调整并重新共识关键动作。寻找成功、部分成功或过程成功的训战营内最佳实践。如有必要，也可以增加知识补课或线上训练强化环节。

第三周工作坊，继续进行数据分析、洞察与全员反馈，侧重于对照行为-成果，对重点问题进行文本分析或数据追访。同时继续进行关键动作的探讨和内部最佳实践的分享。此时，项目主体部分已经推进了2/3，此阶段给出的行动建议，相比第二周工作坊，应该具有更明确的指导性。

项目输出阶段

在项目输出阶段，对每个项目成员来说，项目结果成功与否，已成定局。但对组织来说，这只是一个小范围试点，后续工作有3种方式：①总结21天项目经验，形成全员工作指导，优化组织的工作定义、工作流程与工作资源，使项目动作日常化；②以裂变的方式扩大项目范围，推动更多相关人员参加，继续以项目的形式推动绩效提升；③继续新的试点或延长试点项目周期，以补充更多数据，完善业务洞察，为后续的项目动作日常化夯实基础。

在项目输出阶段，具体选择哪种工作方式，取决于21天项目的成功程度与推广的难易程度。

共鸣、共识、共行、共赢

前文将敏捷绩效改进的理念转化为21天项目操作流程，这基本上是从工程学的视角解构了组织绩效。正如前文所说，在敏捷绩效改进项目中，项目成员才是组织中最重要的绩效因素。无论设计得多完美的系统、流程、工具（除非是完全智能化的无人工厂），都需要项目成员的理解与执行，直到产生收益。离开了项目成员的切实行动，所有的绩效改进项目都只能停留在授课、咨询、设计、存档的无效循环里，其实就是在"知行合一"双环模型™的知识环中空转。

因此，有必要从一般心理规律出发，换一个视角来看21天项目的操作流程，看看项目成员的切实行动是如何被激发、保持，直到形成下意识习惯的。这将有助于我们掌握敏捷绩效改进项目实施中的诀窍，避免实施中的陷阱。

激发并保持敏捷绩效改进参与者的行动力，大致需要经过共鸣、共识、共行、共赢4个阶段，21天项目流程中的每步工作都体现了这一原则。

总体来说，共鸣、共识、共行、共赢4个阶段与21天项目的进展相对应，构成了一个大"周期"，但这不意味着共鸣只是项目前期的工作，也不意味着直到项目收尾才能看到共赢。共鸣、共识、共行、共赢同时构成了21天项目每日的进展，即每日的小"周期"。例如，共鸣与共识是项目成员一开始努力的动力，但如果业务部门领导和项目经理在共行方面做得不好，共赢迟迟不来，所谓的共鸣与共识也将逐步瓦解。

共鸣

有关引发项目成员共鸣的工作，从根本上来说，就是建立和保护项目成员的学习动机。

J. 布洛菲（J. Broghy）将学习动机界定为"学习者发现学习活动有意义，有价值，并尽力从中得到预期学习收益的倾向"[1]。因此，共鸣首先要解决的是"使学习者感受到学习活动的意义或价值"的问题。不妨从D. P. 奥苏泊尔（D. P. Ausubel）提出的学习动机的三类构成来拆解实现共鸣的具体做法。

---

[1] 王小明.学习心理学[M].北京：中国轻工业出版社，2009.

- 认知内驱力。解决问题本身就是学习者的学习动力。绩效改进顾问通过聚焦业务场景，筛选业务场景相关人员进入项目，从基础上保证了"待解决的业务问题"是项目成员关心的问题。
- 自我提高内驱力。学习者的动力来自解决问题带来的成就感。这要求绩效改进顾问准备好相关的物质和非物质激励。例如，设立与业务场景相关的奖金或资源激励。
- 社会认同内驱力。学习者的动力在于高影响力者对他们的关注和认可。因此，业务团队领导的参与对项目的成功有较大帮助。

针对以上三类构成所做的工作解决的是与学习者相关的问题。借助期望理论（动机=期望×效用）和叶克斯-多德森定律（见图8-4），你会发现，要实现共鸣，还需要解决一个问题，那就是为学习者设立一个合理的成功期望。一般来说，你可以通过关键绩效人（身边的伙伴）的成功经验分享来激发项目成员"他行我也行"的成功预期，同时通过设置具有一定挑战性的业务目标来强化其学习动机。在加入项目初期，项目经理也会坦言每日行为打卡的挑战，要求项目成员做好心理准备。

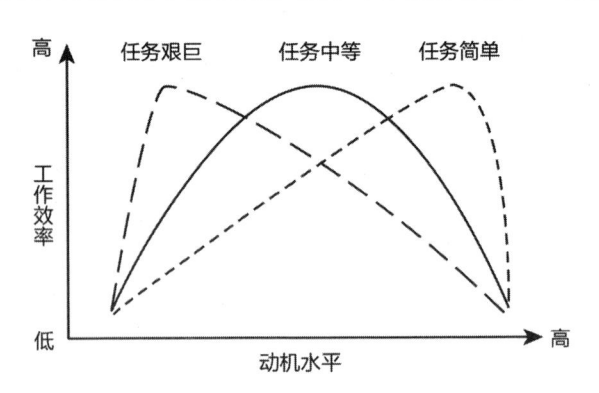

图8-4 叶克斯-多德森定律

叶克斯-多德森定律是心理学家R. M. 叶克斯（R. M. Yerkes）与J. D. 多德森（J. D. Dodson）经过实验研究归纳出来的一种法则，用来解释心理压力、工作难度与工作成绩三者之间的关系。动机水平与工作效率之间的关系不是线性的,而是一个倒U形曲线。对于一个挑战性大的任务,过强的动机水平反而会干扰学习行为的发生。

在理想的共鸣状态下,学习者的内心独白应该是这样的。

"这事儿有价值"(效用):

- "刚才大家提到的市场挑战,与我遇到的难题非常相似,让我们一起来面对。"
- "解决了这个问题,我有望拿到更高的奖金,得到同伴的尊重。"
- "领导对这个业务场景下的问题非常重视,我更要好好表现。"

"这事儿能成"(期望):

- "听了张三的经验分享,原来这事儿真能做成,我应该也可以。"
- "这个业务目标比以前要高,所以没那么容易实现,我必须认真对待。"
- "即使不能达到业务目标,我在项目中也能学习关键动作,提升自己的工作水平。"

实现共鸣的几个基本操作包括:业务场景的聚焦、激励资源的设置、业务部门领导的关注与参与、最佳实践的分享、业务目标的合理设定。

在21天项目启动阶段,最核心的共鸣操作在于最佳实践的分享。基于过往的经验,我发现参与人员往往会针对关键绩效人的最佳实践分享提出非常多的问题。

第一类是业务场景确认问题。例如,"你所在市场的准入情况如何?""你的客户观念是否属于××类型?"

第二类是有关具体操作的问题。例如,"当时你是怎么说那句话的?""你具体做了什么?"

第三类则是项目成员提出的改进计划或困惑,请求关键绩效人给予评价或建议。

我认为这些对接问题、思考答案、寻求帮助的行为,都是积极的信号，是项目成员产生触动、共鸣、建构新知识的具体表现。此时，要抓住机会，充分展现关键绩效人的业绩成就，补充业务部门领导的训话，公布激励制度，设定具体的目标计划，进一步放大共鸣效果，为项目开一个好头。

项目启动时，项目成员的共鸣状态是由外部信息触发的。项目后期共鸣的维持与强化，除了需要继续加强外部因素的刺激，还需要挖掘项目成员自身的成功经验——即使这种成功是部分的、过程的成功。这种内生的、亲历的成功经验，是通过榜样观察而获得的成功经验所无法替代的。自我效能感的持续提升将进一步提高共鸣的质量和能量。在我亲历的项目中，很多项目成员在回顾成功经验时都聊到了自己"难以置信"的成就体验，甚至不少人一度为自己的成就感动得直落泪。因此，在项目全程维持一种人人开放、分享经验的群组状态非常重要。

共识

共识与共鸣息息相关，如果说共鸣的核心是建立对业务成功的渴望，那么共识的核心则是对达成业务成功的路线的认同。

细分下来，共识包括多个对象、多个层面的共识：业务场景共识、项目目标共识、系统支持共识、项目形式共识、关键动作共识。

业务场景共识

业务场景共识的主要对象是业务部门领导，专注于哪个重点业务领域是方向问题，应由业务部门领导把关，一线业务人员应该接受这一方向设定。必要时也可由业务部门领导或相关策略部门在项目前期做好人员沟通和人员筛选工作。进行21天项目实操时，有时存在一线业务重点与组织目标相悖、关键动作变形的情况，这与前期的筛选、沟通和激励设置有非常大的关系，强烈建议在21天项目正式启动之前，解决好以上问题。

项目目标共识

项目目标共识的沟通对象包括所有项目成员。21天项目的整体目标涉及成果评价与验收，需要与业务部门领导达成共识；项目内每个人的工作目标，则需要与直线领导达成共识。项目整体目标应在项目输入阶段完成，个人工作目标应在第一周工作坊阶段完成。

系统支持共识

系统支持共识涉及资源的投放和制度流程的调整，同样需要与业务部门领导达成共识。优选矩阵[1]是一个不错的咨询工具，可以帮助业务部门决定投入哪些必要的系统支持。敏捷绩效改进对优选矩阵的选择维度进行了必要调整（见表8-1）。

表8-1　敏捷绩效改进优选矩阵

措施\标准权重	效果预期	时间节省	经费节省	设计难易程度	成员接受度	加权积分
措施1						
措施2						
措施3						
措施4						
……						

注：敏捷绩效改进主要用于对资源、流程、工具、激励、架构等需"额外投资"的系统支持改进措施进行优选，相比经典优选矩阵，此工具单独列出了时间成本，以突出敏捷特性。

项目形式共识

项目形式共识包括每日打卡制度、导师制度、每周工作坊制度、社群分享与点评制度等的共识，均需要业务各方、各层面在短时间内集中较大的精力，协同发力。各项制度涉及的相关人员对制度的了解与认同

---

[1] 易虹，朱文浩. "技控"革命：从培训管理到绩效改进[M]. 南京：江苏人民出版社，2016.

非常重要，这是项目后续成功运转的基础。共同成功愿景的树立需要多方的分享与发声，纪律严明的退出机制有助于预防项目中后期出现滥竽充数现象。

案例：坚决请出不打卡者

在某21天项目中，项目经理协同若干培训师担任小组导师，带领32个分别来自8个销售大区的一线销售人员进行每日打卡与复盘辅导。在项目输入阶段，项目经理通过全国会议和邮件明确了产品线、目标客户画像、策略方向等业务场景细分问题，并要求所有入营成员必须符合以上条件且自愿报名。项目正式启动第一天，一位来自某销售大区的项目成员未及时打卡，在群内也未发声。经小组导师口头提醒，他解释自己工作太忙，且之后几天未有任何积极转变。

为严肃退出机制，避免负面影响，项目组决定劝退此人，并在项目群中公布此决定，此后群内打卡和分享质量得到明显提升。

经调查，项目组发现那位未打卡的员工是一位经验比较丰富的老员工（符合入组条件），但他近期业绩下滑，且有离职意向。其直线经理为了最后"挽救"他，未经他同意便将他加入了该项目，导致其出现消极行为。

项目成员的消极行为是项目形式未达成共识的必然后果，所幸项目经理及时发现并处理了这一问题，避免了负面影响的进一步扩大。这也反映出业务管理者看待敏捷项目往往附带有其他管理目的，这些目的可能会影响项目的实施质量。因此，保持业务场景聚焦和多层共识，是敏捷项目实施过程中需要切实解决的挑战。

该案例中的问题主要集中在项目成员身上，如果出现项目经理一人"唱独角戏"，其余角色被动拖延的普遍现象，则需要立即暂停实施项目，回顾业务场景、项目目标、系统支持、项目形式的共识情况，指出

"知而不行，各方不力"的问题，寻找一个相关方都接受的解决方案，再共行上路。

关键动作共识

关键动作共识是共识工作的最后一环，这一共识更多的是指对关键动作定义的共识。多方认定这些关键动作的具体描述是提升整体工作绩效的做法。

不过，对于关键动作的个性化选择，则无须形成人人统一的强力共识，因为这是由各项目成员面对的业务问题的特性决定的。基于数据洞察并共识核心关键动作，同时给个人留有其他关键工作选择的自由度，是切合实际的一种做法。

共行

衡量共识最好的标准不是口头上的同意和点赞，而是共行的行为表现，是一种"与你同在"的工作状态。在某些绩效改进项目中，前期的调研、设计、动员工作都非常完美，领导者出场发言慷慨激昂，项目经理也是意气风发，一线执行人员更是跃跃欲试。但随着项目的推进，实施过程中各种挑战不断出现，你会发现一种"说好一起出发，走着走着队伍就散了"的状态：所有提供项目支持、管理工作的人都上了岸，只有直接创造企业价值的执行者还在深水里坚持。

一线执行者不但要直面市场、"工场"（工作场所）、商场的实际问题，还要坚持每日记录与上报，面临的压力相对较大，如果在项目中听到的都是督促、指令、鼓励，而缺少反馈、辅导、聆听，他们就会产生"子非鱼，安知鱼之痛"的想法，逐渐失去对督促、指令和鼓励的信任，导致项目失败。

项目经理不能迷信绩效改进的设计或只关心设计，再完美的设计也无法将执行的阻力降到忽略不计。

业务部门领导不能对管理要求的清晰度和持久力抱有过高的信心，也不能过于相信自己的成功经验。

总之，在21天项目中，项目经理、业务部门领导、策略部门都必须走出"办公室俱乐部"，通过持续访谈、一对一辅导、工作坊、现场观察等方式，直面产品的缺陷、客户的抱怨、一线的焦虑、流程的无序等各种问题，再结合对行为-成果的数据洞察，形成既有力又有温度的行为指导。当然，一线执行者也需要保持一种开放、分享的心态，在21天项目中保持相互扶持、相互学习的协同力。

案例：业务部门领导除督促打卡外不参与其他群内任何互动

某21天项目进入区域交付阶段——项目经理逐渐退出，由区域管理者接管运营。因为该项目前期成果丰硕，所以某大区总监对项目交付后的人员范围扩大与自运营抱有很高的期待。前期准备阶段的讨论共识很到位，全大区项目成员前两周的打卡与复盘分享都非常积极，大区总监主要扮演每天定时提醒打卡的角色，对员工的优秀经验分享并未深入阅读，也未给予有针对性的鼓励或建议。他在微信群中鲜有文字类的互动，均为"督促""点赞"等表情包。进入第二周，部分员工出现懈怠情况，该总监将"督促"表情包更换为"愤怒"等表情包，依然未深入阅读与反馈项目成员的复盘内容。

项目实施至后期，群内分享更加稀少，总监发的表情包也更加"狰狞"。

该案例的症结在于业务管理者蜻蜓点水式的参与度。只有督导，缺乏倾听和反馈，也就缺乏真正的共行，导致一开始的团队共识逐渐涣散。

共赢

共赢是所有人都期待的，也是项目出发的原始动力。如果仔细区分，你就会发现，项目的推动力来自对"赢"的期待，而非"赢"本身。

因此，在21天项目实施期间，项目经理并不是安静地等待最终赢的结果，而是要持续不断地发出"快赢了""已经赢了多少""谁已经赢了"等关于"赢"的信号，从而使项目成员保持对成功的高度预期。因此，在工作坊中集"小赢"（过程的成功、个人的成功）为"大赢"（全体人员最终的成功）是特别重要的安排，也符合项目成员的学习心态。

案例：在21天项目中安排最佳实践分享的诀窍

在某个提升某产品在特定类型客户机构的准入率的百天训战营设计中，由于该项目的业务终点结果是产品的准入列名，且销售周期长达数月，经过研讨，项目经理为项目设立了几个先导性过程指标。

- 客户机构业务部门领导在采购申请单上签字。
- 客户机构采购部门认同产品价值。
- 客户机构决策层准入会议或临时会议通过产品采购决议。
- 产品正式进入客户机构库房。
- 产品录入客户机构信息系统并产生第一份订单。

在前两周的最佳实践分享安排中，项目经理从项目外部寻找全国最佳实践，介绍全流程推进的成功经验。进入第三周之后，项目内部成员开始出现A、B等级的初步进展。项目经理立即加入项目内部的成功经验分享，并着重分析达成A、B阶段的有效关键动作，加快其他项目成员的进度。

同时，项目经理建立准入进度看板，每日公布各项目成员、各小组的准入进度，起到了非常好的督导和激励作用。

项目进入后期，项目经理将最佳实践分享全部转变为内部成功经验分享，进一步激励了项目成员的成就感和成功意愿，最终实现目标机构100%的准入率。

有项目成员在项目总结中反馈道："我们都知道准入工作的重要

性，但由于周期太长，环境不确定性太大，我们一直把它当作重要而无法紧急处理的事情来做，完全是凭经验、碰运气。进入项目之后，成功经验分享和进度看板让我们明显感觉到，准入这件事情的成功是肉眼可见的，这为我们树立了特别强的工作信心，也让我们找到了最有效的工作方法。"

该案例的特点在于将"共赢"思维贯穿项目的始终，把长周期的业务转化为"步步为赢"的看板，相当于建立了即时反馈和激励机制，最终实现了100%的共赢。

看上去，共鸣、共识、共行、共赢似乎是放之四海而皆准的项目执行原则。作为敏捷绩效改进项目，21天项目和一般项目的区别到底是什么？

21天项目中的流程符合一般项目成功的基本套路，两者的区别在于设计层面，21天项目通过持续打卡和每日反馈，实现数据洞察与实际工作的"共行"。虽然在制造工厂，自动化的数据看板早已普及，但在以人为主体和对象的销售、售后、服务等工作中，行为数据的及时反馈并未完全普及，21天项目则建立了即时反馈的机制。

每日打卡制度

项目成员的每日工作打卡，是一种高成本、高收益的数据收集方式，因为有打卡才有数据，有数据才有反馈。

数据信息反馈是吉尔伯特行为工程学模型中最重要的绩效影响因素，而项目成员的每日打卡就是对过程数据的收集，是形成及时有效反馈的前提基础。敏捷绩效改进极度依赖数据洞察与数据反馈的力量，促使人们不得不采取一种"反人性"的方式，手工记录项目成员的过程数据。

除了收集数据，打卡本身也是一个有效的行动"扳机"。"行动是最大的难题"，项目成员在每日工作中使用关键动作，走出舒适区，是需要消耗意志力的。如果没有一个标志性的提醒事件，这种刻意练习的坚持会渐渐滑入茫然的状态。而每日打卡记录将倒逼项目成员思考每日工作是否使用了关键动作，从而推动其持续使用关键动作。

同时，打卡这一动作本身也是一件消耗意志力的事情，也需要有一个合理的"扳机"推动项目成员每日完成。建议设定一个具体的时间窗口，作为集中打卡的时间，既方便项目经理提醒跟进，也有利于建立一个"场景-行动"的扳机，让项目成员形成习惯。

案例：狭窄的时间窗口

在某21天项目中，因项目成员曾反馈打卡工作很辛苦，很多项目成员晚上10点多才开始记录一天打卡，导致后续的反馈和辅导不是发生在隔天，就是发生在当天深夜，质量难以保证，数量难以为继。大区经理因此要求设定非常明确的打卡—复盘—反馈—分享四步骤，明确要求如下。

- 19:00 前完成打卡。
- 19:30 前完成复盘和反馈。
- 20:00 前完成微信群案例分享。

此外，大区经理还要求20:00之后群内不再讨论任何工作话题。缩短时间窗口，建立严格的行动"扳机"之后，打卡、复盘、反馈、分享的数量和质量不降反升，项目成员逐步养成了这一工作习惯。

通常，项目成员对打卡内容的理解大多需要一个过程，而问卷设计者很难发现文档的全部歧义。在我们管理的21天项目中，就曾出现过项目成员在填写经验总结的题目时用大量励志诗歌作答的情况。为了提高数据质量，可以在打卡正式启动之前，安排一次全员试打卡，纠正项目成员对问卷内容的错误理解。

数据收集的成本一直是组织信息化变革的核心挑战之一。在很多组织，都有相对完善的销售数量、市场份额等结果性数据的收集呈现系统，某些行业甚至还衍生出了专门提供业务和市场数据服务的供应商，大大降低了结果数据的收集成本。

但是，对于员工的过程行为数据，大多数组织都缺乏低成本的收集手段。据了解，某些银行已经开发出全程记录客户经理与客户对话的监控设备，这类数据的收集成本非常低，但更多地用于合规监管而非绩效提升。即便用于绩效提升，录像资料虽然具有很强的客观性，但作为一种非结构化数据，其人工处理难度非常高，必须借助深度学习技术。

或许，在不久的将来，某些行业能催生出某种低成本收集、低成本处理绩效过程数据的系统，使得敏捷绩效改进有更大的技术助力。

最后还有一点必须承认，相比监控录像或血糖仪器，每日手工打卡的数据还有主观性强的天然劣势。例如，试打卡就是一个用于对齐项目成员主观性理解的干预动作。在排除造假动机、理解偏误方面，敏捷绩效改进也有许多设计安排，前文已述，此处不再赘述。

导师制的建立与每日复盘

在图8-1底部有一个贯穿项目实施全程的箭头，称为"21天连续打卡"。基于既往的经验，我建议建立"小组导师制"，以做好每日关键动作的复盘跟进。也就是说，21天项目团队实际上是一个"导师—项目经理—项目成员"的三层结构，而非"项目经理—全部学员"的两层结构。

各小组规模建议控制在3~5人以内，以保证跟进的质量。小组之间可以结合业务成果和学习成果，建立一定程度的竞争机制。但请注意，过度的竞争可能会导致小组间的信息保密和违规操作，失去团队学习的意义。

建立小组导师制的直接好处显而易见：可以更精细地追踪和辅导

每个项目成员的过程行为。精细地追踪每个项目成员的过程行为，会让21天项目这个系统的信息载量陡然增高。如果让项目经理作为唯一的信息节点，就无法完成对数十人的有效反馈。系统论思想证明，增加系统的层次可以有效减少每个节点的信息荷载，使得系统的各部分更容易被记录和跟进。这也是为何本书推荐敏捷绩效改进项目团队以"小而美"的人员规模推进。在规模化复制阶段，建议以增加小项目数量的方式扩展，而非扩大项目自身的人员规模，这有助于每个21天项目实现真正的行动敏捷和细节落地。

担任导师角色的人员可以是培训师、直线经理、跨团队经理、关键绩效人，这些角色担任导师的利弊如下。

1. 内部培训师担任导师，在启发引导方面有天然优势，但对于业务场景内的具体问题没有特别具体的直接经验，影响力也相对间接。
2. 直线经理担任导师，对项目成员的执行力具有直接、有力的影响，也具备对业务的较好理解，但基于固定的相处模式甚至成见，可能难以发现项目成员新的成长机会。
3. 跨团队经理担任导师，能有效消除成见，提供新的业务视角，也具备一定的影响力。
4. 关键绩效人担任导师，在业务问题的理解上具有优势，但在权力和启发引导方面，影响力比较缺乏。

导师的角色设置以赋能为主，管理为辅。而21天项目的长期目标包括未来的交付，交付对象是一线业务经理，所以它既是一场敏捷绩效改进，也是一次管理变革。因此，一线业务经理尽早参与，担任导师，可以说是一个最优的选择，跨团队经理尤其可以为业务团队内固定的对话模式带来新的思维。

在我设计的21天项目中，包括由培训师担任导师和由业务经理担任导师两种安排。无一例外，由业务经理担任导师的项目在最终绩效成果上都要更优,背后的原因是复杂的,但肯定包含业务经理角色担任导师的先天优势这个重要因素。

导师的日常职责通常包括:确保项目成员每日完成工作记录打卡;基于每日工作记录,与项目成员进行一对一或一对多的关于关键动作的辅导,带领每周工作坊的分组讨论;带领项目成员完成结营案例作业。

经理担任导师也有常见的积习。例如,习惯性地跟进结果指标,而忽略了项目成员对关键动作的学习,这是一种忽视先导指标的"后视镜"式管理方式;以挑毛病、找问题的方式展开辅导对话,与敏捷绩效改进"找亮点"的整体思路相悖;忽视了团队学习的力量,对于很多与单个项目成员的关于关键动作的有价值对话,缺乏转发或公开讨论的意识或意愿。

在某个敏捷绩效改进项目中,有一位导师刚刚从关键绩效人晋升为业务经理,她所有的辅导反馈均以语气强烈的连续反问进行记录,导致在其小组的微信群中,项目成员的分享和发声越来越稀疏,打卡质量也日益下降。经过提醒,她改变了辅导方式,其群内分享这才逐步活跃起来,项目结果最后也相对好转了。

每周工作坊

每周工作坊是21天项目流程框架的三次全员线上学习活动,一般每次都从周一开始。这一安排能使工作坊指导一周的工作,并留出周末时间进行每周的打卡数据分析。

- 第一周工作坊暨开营工作坊:制定阶段性目标与计划,共识关键动作。
- 第二周工作坊:校正目标与计划,聚焦、修正关键动作,深入探讨核心关键动作。
- 第三周工作坊:进一步聚焦关键动作,深入探讨核心关键动作,布置结营作业。

- 结营工作坊：表彰激励，展示成果。

如需安排试打卡活动，可将开营仪式提前举办并布置试打卡作业，在第一周工作坊中对项目成员的打卡质量给予反馈。本章第一节已经介绍了工作坊的具体内容，此处仅就工作坊的设置目的与实操技巧进行讨论。

在已经设有"每日打卡+导师群内反馈"的情况下，仍需建立一个由项目经理推动的阶段性反馈和学习研讨机制，这是为了以更强的仪式感推动成功经验的分享，同时从人群总体数据洞察的角度，而非个人经验案例的角度，分析探讨项目团队应重点关注的关键动作。每周工作坊机制是全体项目成员参与的，如有必要，也可邀请项目之外的一线经理、执行者旁听（不参与讨论），扩大项目辐射范围，为项目复制做好教育预备，同时也给项目成员更大的荣誉感和驱动力。

从内容来说，工作坊应该体现知行合一的特点，以实战内容为主，不做架空的知识学习和单纯的技能演练，所有问题都必须是业务实际问题和客户的真实反馈；所有演练都是为了解决眼前的业务问题。例如，可以邀请客户分享产品应用心得与意见；也可以就某个棘手的市场问题进行关键动作实施的情境演练。尽量确保通过21天项目，使项目成员做到"走出技能训练场即进入业务战场"。

在某项目中，支持部门基于自己的专业视角提出建议：做一次项目全员的知识普及培训。此时项目指导组明确提出：所有的21天项目训练都应是拼刺训练，而非体能训练，除非我们知道某部分知识对做好某个关键动作或解决某个客户问题有明确的价值，再安排此类培训。之后，基于关键动作满意度分析，项目组发现个别关键动作质量有待提升，于是安排了相应的20分钟知识补课。由于与眼前的业务问题直接相关，项目成员的知识学习取得了比平时好得多的效果。有项目成员在工作坊结束后反馈：自己是第一次认真琢磨和充分探讨问题，彻底搞明白了以前一知半解的知识点。

　　对于连续多轮的最佳实践分享也应有所区分。第一次开营分享，可以寻找项目外的关键绩效人进行分享，而第二次和第三次分享则应在项目内部寻找先行者分享，即使他们未达到项目外关键绩效人的业务水平。这有助于增强项目团队的自我效能感。

　　考虑到实施手段的多层次性和复杂性，为方便读者总览各项目措施的关系，我将21天项目各相关方之间的关系进行了梳理，如图8-5所示。

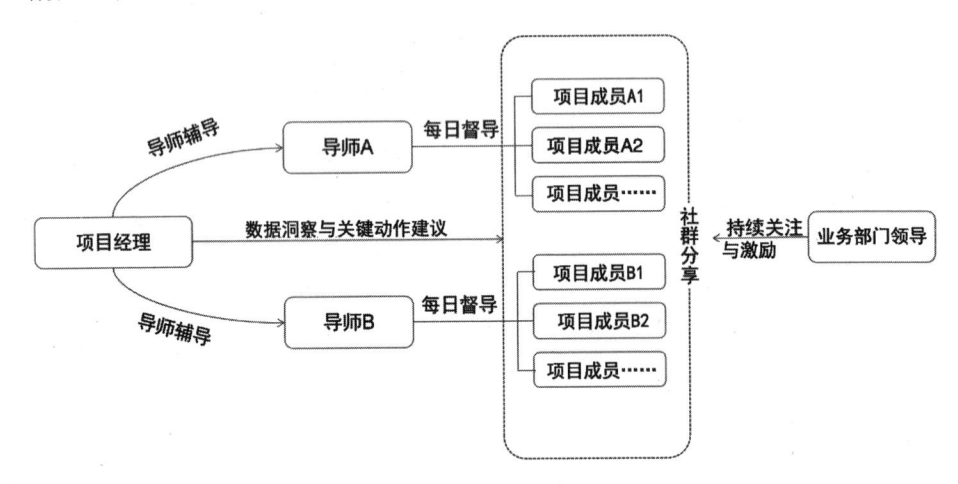

图8-5　21天项目主要相关方之间的关系

ര 9 章

敏捷绩效改进项目运营Q&A

尽管我们汇集的100多次敏捷改进的成功经验集中出现在数个特定的行业，但依然相信敏捷改进的方法论具有超越行业特性的通用价值。模型与案例成稿之后，我们邀请了不同行业领域的朋友来试读，听取实践案例的介绍。他们都对敏捷改进的方法非常认同，也从不同的角度给出了自己的建议和看法，这促使我们对敏捷改进的方法论又有了更多深入细致的思考。

如本书前几章所提到的，我们在刚刚推出前几轮的21天项目时，在组织内部遇到过各种善意的提醒与合理的质疑，但随着项目成果的凸显和内部客户的重复"购买"，这些不一样的声音随之逐渐消散。应该说，我们从未将不同的声音当成一种系统性的挑战，反而是将它们看作把有关敏捷改进的探讨引向深入的绝佳机会。

正因如此，本章将"请出"真正实践过敏捷绩效改进的顾问和外部专家，对敏捷绩效改进实践层面的各种现象进行进一步的分析和讨论。以下所有内容都来自我与这些顾问和外部专家的对话记录。

对话1：为什么是21天

A女士，高级培训经理，主导过3场21天项目，参与过多次21天项目，在不同业务场景下都有实践经验，在最初敏捷绩效改进方法论的设计阶段，提供了丰富的实践原型。

我："为什么21天项目必须是21天呢？"

A女士（笑）："这个问题要问你自己啊，你是项目的主要设计者。"

我："这是我在分享项目成果时被同行问到的问题，我被问住了，所以特意来请教您。"

A女士："不，我知道你有自己的答案，你先说说你的看法。"

我："'21天'的项目名称，不过是借用了21天改变习惯的通俗说法而已,不管这个说法是否有科学依据,我不过是尊重某种商业习俗以便更好地传播这种方法。"

A女士:"嗯,真要认真回答这个问题,我觉得当然可以不是21天,我做过的21天项目有的长达两个月,有的的确就是短短3周时间。"

我:"对,就像'夫妻肺片'里没有夫妻,'老婆饼'里没有老婆一样,'21天项目'也可以不是21天……"

A女士(大笑):"所以,我觉得真正有意义的问题是,21天能起效吗?效果能维持多久?如果维持不住,那21天项目到底可以持续做多久?"

我:"是的,您说得太对了,这才是值得探究的问题,那么您的看法是?"

A女士:"以我的经验,21天肯定是能看见明显的绩效变化的,甚至不用等到21天!我清楚地记得自己主导的第2个项目,一名销售人员分享完自己拿下第一单的成功经验后,他的经理非常激动地给我打电话,说起了关键动作给全组同事带来的启发性,他自己已经开始在业务管理重点上抓关键动作而不是催结果了。这种变化不仅发生在一线项目成员身上,也发生在导师身上,甚至还辐射到其他没有入营的同事,产生了意想不到的外部效应。

"所以说,如果我们不是单纯地用结果指标去看绩效变化,而是用更具先导性、更敏感的过程指标和行为指标去看绩效变化,那么这种绩效变化的发生是非常早的,而且很广泛。而业务成果到底多少天之后发生变化,我觉得行业特点不同,卖的产品不同,实在没有办法一概而论!"

我:"但是,销售部门领导基本上只认结果,对过程可没有那么在意……所以您谈的这些变化,他们在意吗?"

A女士:"你说的现象的确存在,我认为这恰恰是我们绩效改进顾问需要去影响和改变的部分!没有高质量的过程,怎么能得到好结果?所以我们要反馈，要汇报，要让业务管理者看见可量化的过程改变，看见这种过程改变带来的可量化的结果改变。"

我："影响和改变业务管理者的视角，不是一件很难的事情吗？"

A女士："我承认这并不容易，但正是因为不容易，才需要我们加倍努力。不然，我们掌握了敏捷绩效改进的方法，反而可能变成业务部门的'工具人'。"

我："这话怎么理解？"

A女士："如果销售部门领导比较'急功近利'，就有可能把21天项目当作快速获取业务成果的应急工具，哪里业务不行了，就拿21天项目临时救急一下，敏捷绩效改进顾问反而成了救火队员……"

我："培训顾问何曾被寄予过改变业绩的厚望？当工具人难道不是我们的荣幸？"（很扎心的一问。）

A女士："说实话，我的团队里有新上岗的培训师就是这种情况。他们掌握了技术，但暂时还缺少足够的影响力，所以只能先提供有用的价值，成为救急的工具。被需要的感觉当然是挺好的，但我们的最终理想，还是交付项目，或者说'转移拥有感'。我们要把'管理者真心认同和长期实践训战结合与精细化管理的工作方式'当作最终目标。"

我："这是非常有意思的现象！我们希望敏捷绩效改进能产生一定的长期影响和改变，而某些管理者反而可能因为它见效快，把它当成应急的办法，满足于解决一时的业务问题……不过，我有另一个角度的看法：业务部门领导的支持和参与，不可能是完全的'买椟还珠'，21天项目结束后，多少会留下一些有价值的长期改变和影响。"

A女士："那是当然的。这种情况就像拉橡皮筋，当你拉开一次橡皮筋再将其放松，它一定会产生细微的改变。拉伸的次数多了，再有弹性的橡皮筋也会被撑裂的。"

我："这个比喻非常形象！"

A女士："而且，我刚才说的现象只是部分情况。同样的，我们也看到了很多因此发生较大改变的管理者，他们会优化自己的管理方法和管理工具。站在员工的视角，这不就是行为工程学模型中环境因素的实质性改变吗？在这种情况下，21天项目成员的高绩效行为就会保持得更久，而未入营的业务人员也会受到更多正面影响，业务成果自然能保持得更久。"

我："那么，发生变化和变化不大的两类管理者，他们经历了什么不同的事情，从而导致这种差异？"

A女士："非常好的问题！这也是提高21天项目质量的关键之一。我发现，一般主导或轮值过21天项目运营的经理在项目结束后的改变更明显。如果在项目中被安排的角色比较边缘化，或者参与度低，管理者在项目结束后的改变就更少。"

我："这是'参与多认同就多，认同多改变就多'的逻辑吗？"

A女士（点头）："更确切的说法是，主导过项目运营的经理，对项目的整体价值和意义会有更深的认知，项目结束后的行为就会保持得更稳定。这也给了我们一个启示：在一开始的运营安排阶段，就要想好如何推动业务部门管理者的承诺和参与。"

我："这也是绩效改进四大原则中'伙伴协作'和'增加价值'两个原则的体现吧？"

A女士："是的。"

对话2：霍桑效应是敌还是友

F先生，区域培训总监，参与和指导过多场21天项目，在推动培训团队实践绩效改进方面经验丰富，其参与的经典绩效改进项目曾被收入教学案例。

我："我一直有一个疑问想问您，这个疑问也是我替几个没有实践过的同行问的。"

F先生:"您尽管问,我尽力回答。"

我:"21天项目的成果那么好,在获得成功的因素里,'工作效率的提高'占多大比例?'他们更努力'又占多大比例?"

F先生:"为什么区分这两者的比例对你这么重要?"

我(笑):"我感觉要被您教练了……您知道'霍桑效应'吧?"

F先生:"我知道,美国明尼苏达州霍桑工厂里的照明实验,经典的管理学案例,人们因为被实验人员关注而表现得更努力……但那又怎样呢?你的意思是,'更努力'这一部分不应该算作绩效改进带来的成果,只有'更有效率'这一部分才算绩效改进带来的成果。对吗?"

我:"嗯,这至少代表了一部分人的观点。"

F先生:"如果我没记错的话,员工的敬业程度就是绩效改进的组织目标之一,更努力不就是敬业程度提高的具体表现吗?其实,在业务部门看来,这种区分根本不重要,结果好才是王道。"

我:"我觉得咱们做培训发展工作的人,不能完全附和这种'唯结果论'的观点。这个问题的价值在于,靠效率提高带来的那部分成果是可以持久的,靠努力程度提高带来的那部分成果有可能持久不了,因为人的时间和注意力都是稀缺资源,用多了就没了。"

F先生:"21天项目的成员花更多时间、更努力是自然而然的事情。我觉得21天项目起作用的原因是多方面的:一方面是项目成员在训战结合的场域里表现得更努力了;另一方面是在刻意练习中,他们的技能更娴熟了,也更充分地利用了工具的支持。其实还有第三个方面你没有提到,那就是在关键动作数据分析的指导和具体的辅导反馈下,他们努力的方向更精准了。我可以确定的是,他们的努力程度、技能和策略能力都得到了提升,最典型的数据证明就是单次拜访带来的成单数,因为这不只是一个结果指标,也是一个效率指标。"

我:"太赞了!"

F先生:"总之,这只是我的个人观点。我们可以探讨。可能在你看来,'霍桑效应'是敌人,要将其排除掉才能看清楚绩效改进的真实成果。但在我看来,'霍桑效应'就是朋友,没有它的助力,培训效果会打折扣。"

我(笑了):"因为吉尔伯特对绩效的定义非常清楚,那就是有价值的成果和行为代价的比值。我把努力程度的提高(如增加拜访次数)当成员工的一种行为代价来看也是有依据的。当然,回到敏捷绩效改进实践本身,其实我并没有偏好或排斥任何一种有效手段。我只是觉得,即使不能测量,思考霍桑效应在敏捷绩效改进中起到的作用也有助于我们更深入地理解多元干预手段带来的全方位变化。"

F先生:"我非常同意,实践和思考会相互助长。如果能思考得越来越清楚,我相信最好的敏捷绩效改进永远是下一场。"

对话3:数据只是魔术师的障眼法吗

L女士,主导过4个敏捷绩效改进项目,曾经与另一位同事分别同时启动了同一个业务场景下不同地域的21天项目。

我:"和另一位绩效改进顾问同步进行主题完全相同的绩效改进,相当于一次对照试验,这个经历太难得了。我很好奇你们在过程和结果上的差异。"

L女士:"的确,这两个项目一直是同步展开和收尾的,但我们两个项目之间不是孤立的,交流学习非常多,相互的影响也不少,所以恐怕很难做一个明确的对照分析。"

我:我今天更想问您的问题是,您觉得行为数据的收集、分析和反馈到底有没有用?"

L女士:"我觉得当然是有用的。"

我："您担心过数据无法解释吗？比如，我经历过一种情况，第一周显示的最重要的关键动作是A和B，第二周就变成了C和D。项目成员问我为什么，我很难解释。这让我对数据分析的价值有所担心。"

L女士："我特别能够理解你这种想法，甚至在一次复盘会上，我还提出过类似的问题。不过现在，我不这么想了。"

我："您能具体说一说吗？"

L女士："我以前想，假如我通过数据分析，在众多关键动作中识别出最重要的两个，但在下发指令时故意给出另两个关键动作，谎称它们是更重要的，这么做是不是也能取得不错甚至更好的效果？"

我："是的，这就是我的担心——21天项目的数据分析会不会就像魔术师在关键变化之前施行的障眼法，只是为项目成员创造了一种神奇的感觉而已？"

L女士："嗯，我理解你的担心。不过现在，我首先看到的是敏捷绩效改进最大的一个价值点，那就是将员工的行为过程量化，并且产生有说服力的决策依据，这是过去我们从来没有实现过的。能做到把以前说不清道不明的事情量化到这种程度，对业务的帮助就已经非常大了。"

我："这我同意，有数据当然比没有数据更有价值。"

L女士："我讲两个细节给你听，你就知道数据的价值了。第一个细节，就是你在这个项目中帮我做的文本分析，不知道你还有没有印象。"

我："大概有印象，好像是有关病房和门诊的客户态度差异分析。"

L女士："是的，当时你帮我整理了300多份拜访日志，从中梳理了来自病房和门诊不同客户的产品倾向。最终得出的结论是：病房客户的产品态度更加积极，是当时更好的销售突破口。这份分析报告让参加项目的一位经理非常兴奋，当时销售团队都认为门诊有更大的销售机会，必须先攻克门诊这一关，只有他坚持从病房做起。而这个文本分析给了他一个非常有力的支持，我记得他当时高兴得都嚷起来了。"

我："我不知道背后还有这个故事。"

L女士："你没有参与后来的支持环节，其实这个分析还有续集。我们聚焦病房之后，果然取得了突破。随着医生在病房积累了足够多的使用经验，以及医生在病房和门诊之间的轮岗，他们在门诊推荐A产品的信心也逐渐提升。文本分析和行为-成果对照分析的结果也提示我们，最重要的关键动作转向了门诊，我们接着就将改进的焦点转移到门诊的突破上。病房和门诊医生态度的先后变化，肯定不是随机的数据扰动，因为有那么大的数据量在那里摆着呢，而且我们能给出非常合理的解释。

"所以，你能说数据没有反映现实吗？至少在我看来，它很好地贴合了现实。"

我："所以应该这样说，'在21天项目里，没有无缘无故的数据变化，只有暂时解释不了的数据变化'。对吗？"

L女士："对！这就是我现在的看法。还有一个细节，是地域差异引起的数据差异。还说刚才这个项目，我和Z老师一人主导一个21天训战营。在第二周的时候，我们做了行为-成果的对照分析。结果显示，在我负责的A地区，当时最有价值的关键动作是有关价格异议处理的，而在Z老师负责的B地区，最有价值的关键动作是有关血糖指标可视化的。对此我们也找到了合理的解释：A地区的人均收入偏低，医保预算不足，新产品的价格顾虑成了首要矛盾；而B地区医保预算充裕，该地区更主要的矛盾是医生的忙碌导致无暇发现患者的血糖问题。"

我："真是太棒了！这个发现给你们的帮助是什么？"

L女士："当然是两地分别采取了不同的关键动作聚焦。如果没有数据，我们也能对业务有基于经验的觉察，但是当数据给了我们明确的信号时，我们执行的决心和力度就会完全不同。我认为你提出的行为-成果对照分析法是很合理的。因为分析周期短，使得它能够快速反映工作任务的情势变化，所以出现波动是正常的。就像股票的分时曲线相比日K线，日K线相比120日K线，越是短周期的数据，你越无法解释每一处变化。"

我："这算数据分析的敏捷性吗？您觉得多长时间分析一次关键动作是合适的？每周一次吗？"

L女士："是的。分析方法和分析周期目前都很好。如果说现在我对数据还有什么担心，恐怕还是原始数据的真实性和数量是否足够。我这边的确出现过因为竞争激烈导致销售人员挪用销售数据的情况，我们都及时进行了处理，所以我不敢保证100%的数据真实性，但我相信它的质量是完全可分析的。另一个问题就是，长时间坚持对每日打卡的数据收集，的确是一个挑战。项目结束后，我们大都选择了删减数据收集的工作，因为我们相信策略和方法已经在21天项目里被摸透了，一时半会儿不会有什么变化。"

我："基于敏捷绩效改进运营设计的特点，我们在数据质量和数据收集成本方面的确需要额外注意！"

L女士："是的，数据的重要性和有效性在我的实践中都得到了特别多的验证，在这一点上，我觉得你不用过于担心。"

对话4：以"吉尔伯特之眼"看21天敏捷绩效改进方案

W先生，资深绩效改进专家，在绩效改进领域有丰富的经验。他在听取了21天项目报告之后，与我一起探讨了敏捷绩效改进方案与吉尔伯特行为工程学模型之间的深刻关系。

我："您对敏捷绩效改进的设计和实践，有什么印象深刻的部分？"

W先生："我对它的聚焦绩优员工做法、快速迭代和快速起效印象深刻。"

我："您是指关键动作的梳理和复制吧？"

W先生："对，将绩优员工的做法转化为关键动作，并且形成了可以量化的分析框架，这一点非常有意思。我实践过的绩效改进项目，对于绩优员工的安排主要还是经验分享或课程开发。经验分享的问题是效果有点浅，落地与否不知道怎么追踪。课程开发又是比较'重'的做法，把实战经验汇总后往理论上靠、往课堂上靠，并不能很好地解决行为复制的问题。你们敏捷绩效改进的这个做法，看起来是能直接落地的。"

我："谢谢，那么您在快速起效方面的印象呢？能具体说说吗？"

W先生："嗯，不到一个月，能实现60%以上的业绩增长，这让我对可以从员工层面挖掘出来的改进机会有了全新的看法。"

我："是的，说实话，一开始尝试时我们的把握也不大，是现实给了我们信心。我自己也有一个疑问。我们是从聚焦员工的行为改变来推动绩效的，您觉得这有没有违背吉尔伯特行为工程学模型的指导思想？"

W先生："这个问题问得特别好。说实话，我一开始也有疑问，不过深入思考后，我认为敏捷绩效改进对吉尔伯特行为工程学模型的实践反而是很到位的。"

我："您能具体说说吗？"

W先生："敏捷绩效改进运营的一些操作手法，包括导师制、每周工作坊、目标设定和奖励设置、最佳实践报告，以及每日打卡和数据分析与反馈，都是为项目成员专门塑造的管理环境，这些工作完全体现了吉尔伯特提倡的思想：首先解决工作指导和工作反馈问题，然后提供足够的支持资源，包括讨论工作坊、微信群辅导之类的。我注意到还有一些表格卡片之类的分享，对吧？"

我："是的，血糖管理卡，还有一些患者教育项目配置。"

W先生："是的，这些都属于资源的范畴。而在激励方面，这种群工作的方式就是一种很有特色的激励，对员工的自信和意志力都产生了潜移默化的积极影响。所以你看，你们其实是聚焦一个场景、一群人，快速地塑造一个高能量、数字化的管理环境，从而改变他们的绩效。你们在很多方面都体现了吉尔伯特行为工程学模型的指导思想。"

我："那您觉得敏捷绩效改进在什么样的条件下展开能取得更好的结果？"

W先生："我认为在产品策略、管理重点的快速落地方面，效果会相当好。当然，我们完全可以进行更多样化的尝试。还是让未来的实践结果说话吧，我们不要自我设限。"

对话5：21天项目实施的团队能力要求

在访谈了21天项目的实践者之后，各位实践者也从模型设计和能力要求的角度向我提出了很多问题，以下是我作为本书作者，被参与21天项目的培训师"访谈"的对话过程。

培训师："敏捷绩效改进模型的构成非常简单，是否意味着业务部门参与项目实施变得更容易？"

我："是的，在客户看来，它主题聚焦，行为量化，方法简单，的确不需要过多额外的赋能和学习，业务部门可以直接上手参与项目的管理或执行。比如我们强调的小组辅导和复盘，都是业务管理者常用的一些管理手段。可以说敏捷绩效改进的设计，几乎是完全贴合业务的日常内容进行的。"

培训师："那么敏捷绩效改进的项目设计与实施，对绩效改进顾问来说是否也变得更容易呢？"

我："坦白地说，如果培训师是第一次担任绩效改进顾问，我不觉得会天然地'更容易'，他们面临的首要挑战是转变过去的工作习惯，适应敏捷的节奏。至于技能的迁移，的确不是太大的难题。"

培训师："能具体说说这个首要挑战吗？"

我："传统培训的内容生产和传递周期相对较长，对学员实践落地的管理则常常缺失。比如一门标准课程的分析、设计、开发、磨合、培训师培训、彩排、正式培训、课后跟进，大都需要数月的时间。敏捷绩效改进则要求从内容生产直接跳入实践跟进，大大加快了知识转化为经验和经验转化为知识的进程。"

培训师："对，第一场21天训战营，我们基本上是周一到周五全员打卡数据，周六汇总分析，周日生产基于数据洞察的工作坊内容。第二周周一开展全员工作坊，指导第二周的关键动作。当时的确有培训师不适应这种快节奏，一直在催项目经理尽早提供每周工作坊的内容，以便做好授课准备，他们总有一种'演员上台前一分钟才拿到剧本'的感觉。"

我："传统培训师的价值感来自课堂呈现，所以他们把精心准备和磨课备课看作提高工作价值的重要办法，一开始可能很难接受这种仓促上阵的感觉。但是敏捷项目看重的是速度和迭代，并不追求一次培训、一场工作坊解决所有问题，而是在高频率的迭代和反复的训练中产生实际的业务价值。我想这是他们必须克服的意识层面的第一关。"

培训师："那在具体的工作技能方面呢？您认为设计实施21天项目需要什么技能？"

我："ATD对于有关人才发展从业者的胜任力，有一个复杂的五边形模型，敏捷绩效改进涉及其中大多数能力，包括教学设计、培训提供、学习技术、学习效果评估、学习项目管理、辅导、知识管理、变革管理、绩效改进等。

"如果要求一名绩效改进顾问身兼设计、开发、实施管理、分析洞察、工作坊引导等多重职责，的确需要比较全面的个人能力。当我们是团队作战时，这些问题就容易解决了。如你所知，我们有人负责项目开发,有人负责工作坊引导,有人负责数据分析,还有跨部门团队参与人员辅导和业务复盘,这就带来了1+1>2的效果。"

培训师:"能在一个框架下合作得这么紧密,是不是意味着团队应该有共同的思维模式和基本的方法论?"

我:"当然,敏捷绩效改进的'知行合一'双环模型™就是我们的基本方法论。从日常积累来说,我们团队非常看重培训体系的梳理和共识,明确定义了我们的使命、价值及实现价值的途径。我们将学习评估、经验萃取和行为跟进作为提升工作有效性的三大法宝,并在这3个方面不断强化团队的能力。

"从2013年开始,我们从未间断对绩效改进技术的学习,仅2019年一年,我们就共同学习了'敏捷微课开发''最佳实践萃取''业务场景识别''在线直播引导'等技能,这为我们团队塑造了共同的工作语言,也为2020年敏捷项目的诞生酝酿了内部条件。"

培训师:"是的,我也经历过您说的这些学习历程。回想起来,我们走过的每一步都成了今天成功的积淀。如果要给独自操盘的绩效改进顾问列出一张能力清单,您会给出什么具体的建议呢?"

我:"由于本书已经给出了理论模型和运营框架,我觉得绩效改进顾问的能力要求主要集中在访谈萃取、数据分析、工作坊引导和变革管理上,其中变革管理能力尤其不能忽视。因为再优秀的个体,也很难覆盖所有环节的工作和所有相关技能,变革管理是绩效改进顾问能够推动他人参与并做出贡献的关键能力。"

第 10 章

敏捷绩效改进的规模复制与管理赋能

前9章阐述了敏捷绩效改进的理论框架和实施方法，本章主要探讨试点项目结束后的工作。

规模复制和管理赋能的 3 个任务

我们期待敏捷绩效改进的终极目标不只是点燃项目本身那一点星火，而是借助项目的辐射和外部效应形成燎原之势，实现整个组织绩效的阶段性改进，并将项目成果转化为组织资产，将项目实施转化为运营流程。所以说，敏捷绩效改进最终要解决的是规模复制和管理赋能的问题。

要实现规模复制和管理赋能，应该完成以下3个任务。

1. 跨团队的项目复制。
2. 跨业务场景的项目复制。
3. 跨项目周期的运营交付。

跨团队的项目复制是指在业务场景基本不变的前提下，不同团队复制21天项目的实施流程。在这种情况下，初始关键动作无须重新萃取，试点项目中关键绩效人的最佳实践经验可以直接调取，项目复制的难度较低。

回顾定义，可以知道，业务场景包括人员、对象、任务、环境4个方面的要素。当你进行跨团队的项目复制时，虽然具体参与的项目成员已经改变，但你可以采取相同的标准进行成员筛选，确保他们在动机和知识准备度上水平相近。而所聚焦的工作对象，也就是客户类型或客户画像，在一定程度上需要保持一致，因为这与所执行的市场策略、所采取的关键动作有密切的关系。确保工作任务细分的相似性理由同上。跨团队复制经常会带来地域环境的变化，不同地域的经济和文化差异，也可能带来关键动作选择和效果上的差异，这一点在第9章中有典型的案例。

因此，必须在业务场景基本一致的情况下进行跨团队的项目复制。这意味着你必须对业务场景的细微变化保持关注，对关键动作保持敏锐的观察和适时的调整。每日的打卡与定期的数据分析依然是必要的，因为试点团队的洞察与成果并不能成为复制团队的完美指导意见。

跨业务场景的项目复制需要重新进行关键绩效人的筛选、关键动作的萃取和分类汇总、行为-成果逻辑的构建，以及打卡问卷的设计。考虑到组织的各业务单元并非完全割裂的，试点项目的关键动作依然对复制项目具有一定的启发性，能减少复制项目在关键动作萃取和分类汇总方面的难度。跨业务场景的项目实施不需要重复设计，可以借鉴和迭代试点项目的做法。

以敏捷绩效改进的"知行合一"双环模型™来看这3个任务，跨团队的项目复制无须重新设计双环，只需延续实践行为环；跨业务场景的项目复制需要重新设计知识环，并据此迭代行为环的设计；跨项目周期的运营交付则需要对行为环进行适应业务日常运营的改造。例如，精简日常打卡的内容，调整与刻意练习有关的相关干预措施的实施周期，变更激励措施，等等。

托管—共管—协管—自运营的项目交付

从另一个角度来看，规模复制与管理赋能其实也是敏捷绩效改进项目的设计—开发—实施的主导权限转移的过程。以我所在的组织为例，我将这个过程分为四个阶段：托管—共管—协管—自运营（见表10-1）。

表 10-1 21 天项目复制的 4 个阶段

角色 \ 阶段 职责	托管（培训部介入业务管理，以试点跑通训战模式）	共管（销售管理者正式参与敏捷项目）	协管（更多销售管理者正式在敏捷项目中承担更多责任，掌握敏捷绩效改进的理论基础）	自运营（销售管理者自主实施成熟业务场景的敏捷项目，直至变为日常运营流程）
项目设计者	项目设计、每日数据反馈、每周数据分析、每周工作坊内容开发	项目标准化流程、每周数据分析	每周数据分析自动化、管理赋能、课程开发	转向其他业务场景
项目实施者	轮值工作坊引导小组导师	每周工作坊内容开发、工作坊引导、每日数据反馈	管理赋能授课、每周工作坊内容开发、工作坊引导	
业务管理者	入营观察	小组导师	每日数据反馈、小组导师	每周工作坊内容并入工作例会、每日数据反馈、辅导日常化
业务一线员工	项目成员	项目成员	项目成员或全团队参与	全团队参与

需要澄清的是，这个转变不是在一个 21 天项目之内完成的，而是随着 21 天项目的复制数量增多而一次次进行分工调整的，这是项目实施主导权逐渐向业务管理者转移的过程。当然，不排除在一个超长周期的项目中实现这 4 个阶段转变的可能性。

这 4 个阶段的转变，是业务管理者对具体业务场景下的高绩效要素的理解越来越深入的过程，是敏捷项目从手工作坊走向生产流水线的过程，也是各种干预手法越来越精简的过程。

项目设计者是实现项目设计—开发—实施—复制的前沿力量。设计者先是掌管一开始的试点研究和实施，然后转向推动项目标准化工作，再着手设计管理赋能课程，最终将注意力投向新的业务场景。

项目实施者是实现项目落地和快速复制的中枢力量。区别于项目设计者，项目实施者的人数相对较多，并且在关键绩效人访谈、每周工作坊开发方面能为项目设计者提供有力支持。项目实施者需要对关键动作、业务场景等敏捷绩效改进模型中的概念达成基本的共识，这样才能更好地担任项目快速复制的"二传手"。

对于业务管理者，我们没有采取先灌输理论再要求跟进实践的传统培训方式对其赋能，而是让他们一开始入营观察，然后逐步扮演更多角色，直到彻底掌握理论方法，融入日常管理。这是一个逐步"被卷入"的过程，先用实践中的体验感悟和真实业绩来吸引业务管理者的参与，直至最后使其主动接管项目。

从一开始的少数人试点成功，到最后关键动作变成所有人的日常工作，业务一线员工从始至终是以参与者、执行者的身份出现，也是整个项目变革管理的主要对象。一线员工的职责表面上虽然没有变化，但其学习的行为必然发生内化和固化，高绩效的行为习惯则由此养成。

规模复制和管理赋能的两个瓶颈

项目要实现规模复制和管理赋能，数据分析与洞察是第一个需要突破的瓶颈。为此，敏捷项目设计者应考虑如何将行为-成果逻辑的打卡数据转化成标准格式，实现"封装"处理，这主要包括快速导入和自动完成基本分析，甚至实现即时的仪表盘功能。

到目前为止，敏捷绩效改进项目的数据工作，都是用问卷星和Excel这两个最简单的数据收集与分析工具完成的，效果不错，而且具备较强的灵活性。需要注意的是，如果过于强调打卡问卷的友好度，会导致问卷产生的数据结构复杂，难以直接处理，必须先进行烦琐的数据整理，这无疑增加了人力成本和反馈时长。因此，在使用问卷星工具时，一定要注意"方便分析"和"方便填写"两方面的平衡。建议在正式开始大规模数据输入之前，先做好问卷设计和分析模板设计的模拟与联调。

第二个要突破的瓶颈是：为管理者快速植入全新的敏捷绩效改进理念，为后续的运营接管创造思想条件。

从学习培训的角度来看，人们很容易从经典的认知主义、行为主义、建构主义的学习心理学叙述中找到项目实施的理论根源，如图10-1所示。

认知主义 ＋ 行为主义 ＋ 建构主义

帮助获得思维策略	强化可观察的行为	理解、建构自身经验
成功者分享价值	共识阶段性目标	萃取最佳实践
讨论共识关键动作	提供实践机会	制作结营微课
提供关键动作框架	提供成功案例	每日群内复盘
提供辅导反馈框架	评估行为绩效	线上案例研讨
打卡回顾关键动作	提供有效反馈	

图10-1　21天项目的培训理论根源

应该如何向业务管理者介绍敏捷绩效改进的理论和实操呢？如果从学习理论的角度为业务管理者解析21天项目背后的原则，效果就像让收音机接收紫外线信号一样，完全不在一个频道上。这种培训从业者最熟悉的理解方式，反而容易成为向业务管理者赋能的一大瓶颈。

你不能期待大部分业务管理者真正掌握敏捷绩效改进的"知行合一"双环模型™，因为其中涉及的访谈萃取和工作坊技术等也大多是培训师熟悉的工作方法。你必须站在业务管理和员工管理的视角，向业务管理者阐述敏捷绩效改进的价值、内容与实操。为此，我们特别制作了"精细化管理研修班"的业务管理课程。

精细化管理是科学管理的最新形态，是企业战略落地和向管理要效益的实现途径，也是业务管理者最感兴趣和听得懂的语言。有关精细化管理，不同背景的专家有着不同的论述，但大多都涉及结果导向、人员激励、管理看板、任务细分、管理数字化、流程改进等方面的内容。

融合前人的解释，从敏捷绩效改进的角度，我将精细化管理的内容分成两个板块：管理思维的系统化，管理实践的场景化、数据化和训战化。

管理思维的系统化

忒修斯之船

系统思维的根基在于系统动力学，任何一个系统都包含"目的（或功能）""要素""连接"3个构成要件。例如，一台发动机包含输出动力的功能、为实现这个功能而组装在一起的各种零件，以及决定各零件传动和架构关系的连接；一个销售团队包含为团队设置的业务目标，为了实现这个目标而凝聚在一起的员工、经理、领导者等各个要素，以及为了实现目标而安排的架构、分工、规则、流程、会议等连接成员的方式。

系统化思维首先体现在如何看待系统三要件的关系上：系统中处于无形状态的目标是最重要的要件；要素之间的连接方式也是至关重要的；要素是系统中最容易被注意的部分，反而是最不重要的部分。

在西方哲学中，有一个"忒修斯之船"的经典悖论。公元1世纪，普鲁塔克提出了一个问题："如果忒修斯船上的木头被逐渐替换，直到全部被替换，那这艘船还是原来的那艘船吗？"

在拥有系统思维的人看来，换尽所有木头的船当然还是原来那艘船，因为船的功能还在，为了船的功能而完成的搭建关系也还在，唯有要素"木头"被一一替换了而已。反之，如果所有的木头都还在，但是船被劈成碎片，或者被重新搭建成房子的模样，那它还是原来那艘船吗？当然不是，因为船的功能，以及服务于这一功能的要素连接方式都

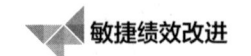

发生了彻底的变化。

一些平庸的管理者往往表现出将团队绩效（功能）归因于某个或某些要素（员工）的倾向，而忽视明确团队目标、优化各要素之间连接方式在实现团队绩效（功能）方面的价值。具体表现就是，他们在吉尔伯特行为工程学模型中，把大部分管理精力都放在对下三层员工因素的修补上，而忽视了对上三层环境因素的改善。

一个有问题的团队，即使将所有的一线员工都替换成最优秀的个体，如果团队目标依旧涣散或不被认可，团队内部的连接方式依旧低效，这个团队迟早也会滑落到原有问题的泥潭。

敏捷绩效改进在塑造员工内部环境，也就是项目经理、导师、项目成员之间的连接（激励、辅导、反馈、讨论、学习）关系方面不遗余力，并不特别着力于提升某个具体成员的业务技能。这其实就是在重塑一个团队系统以寻求绩效的改善，这对业务管理者的帮助和教育作用将是巨大的。

学会抓重点和摸石头

系统思维强调全局性或整体性，而全局性很容易被误解为对所有问题的关注，或者在一开始解决问题时就进行全面的布局和完整的设计，其实这是一种误解。

系统动力学告诉我们，系统本身具有自组织和演进的特点。这意味着很多有效的复杂系统都是由简单有效的小系统发展而来的，并不是一开始就精心设计或打造出来的。有时，过于复杂的初始设计反而会成为系统演进的障碍。

例如，敏捷绩效改进试点成功的关键在于有效，而不在于复杂和全面，将简单有效的项目运转起来，就有机会随着系统的自我生长而逐步解决更大范围内的绩效问题。

不理解系统的边界条件和自组织特性的管理者，经常表现出"要立刻彻底解决所有问题"的雄心壮志和基于自己的精心构想去安排业务细节的管理行为,他们视员工为提线木偶,忽略了员工自身的动力对组织系统演进的推动作用。而一个精明的管理者,往往能把握问题的边界并善于运用试点的方法。他们相信,只要管理者把握目标和优化规则(在敏捷绩效改进项目中,我称之为"造场"),并在关键时刻推动一把,组织系统就会以自身的节奏朝着有利的方向演进。

敏捷绩效改进提倡的聚焦业务场景、"小步快跑"的迭代关键动作和先团队试点后规模复制的方式,就深刻地契合了系统自组织的特性。

关注成果不等于眼中只有KPI

"很多人只是机械地应对,专注于事物现象层面的响应,而并未触及问题的根源。"《系统之美:决策者的系统思考》[1]一书把本位主义和表面思考看作一种"系统思考缺乏症的表现"。

有个路人看到两个工人在地里工作:一个人刨坑,一个人埋坑。两人一路刨一路埋,地里没有任何变化。路人问这两个人在忙什么,答曰"种树"。路人问为什么没看见一棵树种下去。两人回答:"我们本来是个三人团队,我们俩考核的KPI是刨坑数量和埋坑数量,而考核往坑里放树苗的那个人,今天请假没有来。"

> 关注成果意味着必须对真正的业务成果负责,而不是只盯着自己领取的任务。个人或团队经常被大系统安排在一个局部功能上,一旦个人或团队只聚焦于改善局部的功能,就可能会对整个组织目标造成损害。
>
> ——彼得·德鲁克,1954年

例如,销售部门的绩效管理系统为一线员工设定的KPI包括业绩达成、拜访数量、覆盖客户范围等。管理者如果只关注组织要求的KPI,把

---

[1] 梅多斯.系统之美:决策者的系统思考[M].邱昭良,译.杭州:浙江人民出版社,2012.

对结果负责理解为每日催收指标的达成，则实质上陷入了任务导向的思维模式，放弃了对销售的本质思考。

一位绩效改进顾问在讲台上畅谈其对员工合规行为的各类管理因素的分析时，台下有人站起来质疑："说啥也没用，只有罚款最管事，我要的就是他们合规的结果，没有义务管他们怎么做到合规。"他在台上回应道："如果团队的合规管理就是要结果和抓罚款，是不是随便找来一个人都能做好这项工作？"当他和我谈及这次授课经历时，不免感慨如今竟然还有这样理解管理工作的管理者。

我认为不能低估这种表面思考和本位主义的普遍性。如果仔细观察，你会发现，在各种组织中，这种现象比比皆是，当然这也揭示了绩效改进机会的普遍性。

以ToB销售为例，如果只将销售工作理解成完成公司规定的任务，那你眼中的确只能看到完成几次拜访、覆盖多少客户等这些KPI数字。

如果将销售工作理解为改变客户的行为，那么相应的工作内涵的丰富程度就远超KPI了：提供动力、减少阻力、提供实现途径、打造反馈回路等，这些在第4章有专门论述。

如果将销售工作理解为与客户一起来改变终端用户的行为，那么围绕终端用户的行为改变可以做的工作将进一步丰富！你必然会关注从销售人员到客户再到终端用户整个联动系统。

所以说，只有管理好与结果相关的各个因素——能管的因素要管好，管不着的因素要应对好，才能真正做到对结果负责。在"精细化管理研修班"课程中，我将之称为"产品信息的全链条管理"：业务管理者要确保公司策略能转化为一线员工可以口头表达的产品信息，要确保产品信息能有效地传递给客户，并通过客户转化为面向终端用户的推荐信息，而业务成果的衡量标准就是终端用户的行为改变。

从员工到客户再到终端用户，每个节点上的动力、阻力、反馈回路和实现途径都构成了一组行为系统的管理任务。这条从销售管理到终端用户的信息传递链条（见图10-2），给出了销售管理工作的完整图景，使得销售管理者不再偏颇地理解"结果导向"，不再把思维局限在完成KPI上。

销售管理 —策略信息→ 一线销售 —产品信息→ 商业客户 —推荐信息→ 终端用户

图10-2　从销售管理到终端用户的信息传递链条

管理实践的场景化、数据化和训战化

　　管理思维系统化是总体原则和贯穿敏捷绩效改进始终的思想，而业务问题场景化、行为管理数据化、日常管理训战化，则在敏捷绩效改进的模型中都有具体的工具和相应的操作手法。为充分阐述这3个方面带给业务管理的价值，我不再赘述绩效改进顾问视角下的理解，而是采取圆桌访谈的方式，邀请曾经深度参与的两位一线管理者，探讨敏捷绩效改进在业务管理方面的价值。其中，S经理参与和主导过推动产品销售的21天项目，Z经理参与和主导过推动产品准入的百天训战项目。

　　我："两位经理都在敏捷绩效改进项目中担任过实施阶段的'营长'角色，能具体说一下你们各自的经历吗？"

　　S经理："我参与过推动公司产品销售的3个21天项目。在前两个项目中，我是参与者角色，担任导师。在第三个项目中，我作为项目实施的主要负责人，负责整个省区所有团队的项目跟进。"

　　Z经理："我参与的都是新产品准入的百天训战营，第一个是由培训部老师主导的百天训战营，第二个是由我主导的整个省区的百天训战营。现在第二个项目结束了，我在自己的团队中又新成立了一个加速准入的百天训战营。"

　　我："听起来，大家在不同的训战营中都经历过观察者、导师、'营长'3个角色，不同的角色给你们带来了什么不同的感受？"

S经理："差异挺大的。一开始我们参与过NHD、NHJ两个产品的训战营，虽然整体都取得了不错的成果，但对我来说，学习得并不是很深入，只是跟着大家往前走，并不知道背后的支撑因素是什么。这次我在NHR30产品的训战营中担任执行管理的角色，在开营之前专门学习了'精细化管理研修班'课程，因为要担任主要角色，所以我学得比较认真。这个课程相当于给了我一个理论上的统领，让我能把之前感觉比较散乱的各种操作串联起来，就像写散文一样，形散而神不散了。"

Z经理："的确，作为导师或管理观察者入营，我要做的就是管好自己的团队，给予他们反馈，任务相对简单。自己担任'营长'的话，肯定要操心更多的事情，项目成员有没有打卡、数据怎么分析、关键动作怎么调整、接下来的工作坊怎么安排，都需要我来操心。"

S经理："是的，操心多了。"

我："担任'营长'，的确很操心，但是看起来你们对项目的整体设计理解得也更深了，对吧？"

S经理："我参加完'精细化管理研修班'之后，还专门给自己的团队做了学习分享，他们也非常有感觉，对这四个'化'印象都挺深刻的，尤其是业务问题场景化。"

我："能具体说说吗？"

S经理："我对'不要空谈业务问题，要具体到业务场景中去'这一点的感触是非常深的。空谈业务问题，只简单地问一问销售人员最近销售工作做得怎么样，根本没有办法解决实际问题。只有把业务问题场景化，才能谈到实际问题，也才能解决实际问题。我对场景化的理解，就是闭上眼睛，看自己脑海中是否能浮现出客户使用或推荐我们产品的画面，想清楚客户和终端用户之间是怎么对话的……我觉得场景化就应该是有声音、有颜色的画面。只有进入这样的画面，我们的解决方案才会真正具体，才能落地。"

我："场景化到底给业务带来了什么价值呢？"

S经理："举个例子，场景化能让我们的销售语言更加口语化，更加落地。以前很多销售人员拜访客户时，都是直接照搬有关产品效果、安全性、经济性的书面说法，这些说法根本就没有进入真实场景中。现在我们直接把这些语言转化成'这个产品能帮您省多少钱，一年相当于节省了多少'，这就很有效。还有，场景化不是还要区分对象吗？同样的产品优势，说给客户机构负责人听，说给客户听，用词都不一样，这就是我们理解的场景化！"

我："这真是太棒了！我们在做业务问题场景化的拆解时，只是在概念上进行了细分。没想到你们在管理落地时，已经具体到这个程度，我特别认同您说的，场景化就应该是有声音、有颜色的画面。"

S经理："另外还有一点，那就是行为管理数据化。我的理解是，深入到那么细致的场景中去探讨和指导一线工作，当然是很精准的。但是，毕竟经理在管理着这些人。随着时间、市场的变化，经理不可能把握每位销售人员、每位客户的情形。我们只能利用数据反馈的形式，通过实践从统计上给出一个最优解！"

Z经理："这一点我也深有感触，行为管理数据化对我们做准入工作的价值非常大。产品准入工作与日常销售工作不同，受到很多客观条件的限制，不是今天你去了一趟客户那里，就能当天准入成功。这个准入工作时间线拉得很长，也不能猛冲猛打，它是一件重要而不紧急的事情。过去，我们只能想起来就询问一下，根本没法系统性地跟进这件事。现在有了这个行为-成果逻辑的数据表，就相当于给了我们一个抓手、一个工具，我们每天都能系统地追踪准入工作，也能把准入这件事情的进展拆成各个里程碑来管理，从而使其真正落地。"

我："所以我的理解是，您看重的是行为管理数据化之后提供的管理看板，它能把平时抓不牢、抓不透的工作落到实处。"

Z经理:"完全正确,就是这个意思。可能S经理管理的训战营的主题本来就是每日进行的工作,没有那么明显的差异感受。我管理的训战营都是长周期的准入训战营,项目一启动就是100天,特别需要这种每日数据看板,保证跟进的连续性。"

S经理:"我觉得这个管理看板对每日进行的销售工作也一样有价值。它能把细碎的、难以追踪的销售行为显现出来,进行统一指导和管理,非常好。"

我:"嗯,我总结一下,两位提到了业务问题场景化、行为管理数据化这两个方面的管理感受。对于日常管理训战化,你们有什么理解呢?"

Z经理:"我觉得,把一个隔三差五询问一下的工作变成一个项目集中来做本身就非常有价值。大家集合到一起,有项目,有专门的团队,有具体的工作目标,有复盘,有群体分享,还有基于数据的关键动作反馈,这就是我理解的日常管理训战化,它让整个省区新产品准入的进度大大加快了。"

S经理:"对于日常管理训战化,我也感触颇深。在我管理的这个训战营里,肯定有一些参与度不高的人,对比大部分参与度高的人,我发现他们一开始不怎么理解或接受项目内容,就跟着大家走,走着走着就容易掉队,落在后面。"

Z经理:"这种情况我这里也有,有的人一开始不理解,直到出了成绩,大家都开心,他们才跟上来。"

S经理:"我感觉还不完全是,要想把日常的训战状态激发出来,在项目一开始就应该把他们调动起来,哪怕多花一点时间和精力也值得。"

我:"这就是我们说的共鸣、共识、共行、共赢,前面的共鸣和共识没做好,会影响后面的共行和共赢。是这个意思吗?"

S经理:"完全正确,就是这个意思,我认为思想意识层面占学习成果的10%，经理的复盘反馈占学习成果的20%，自己的实践和总结占学习成果的70%。70%的那部分固然很重要，但是如果10%的那部分解决不好，就会影响剩下90%的学习成果。"

Z经理："这么一分析，的确有道理。我特别同意让员工自己去实践总结，这能起到很大的作用。我这边有位员工认为准入资源的整合很困难，所以我们请了相关部门来分享，教他们怎么去申请和整合内部资源。后来，这位员工自己就学会了一招，也成功了。我们让她分享自己的学习经验。一开始我对她的分享不以为然，觉得她讲得一般。但是后面她的分享让人非常惊喜。她的成长非常快，这种分享、认可，让她能够更好地面对大客户。因为她已经不惧怕了，如果拜访失败了，大不了重新改进、复盘。这个模仿、实践、总结、分享的过程，帮助我们很多销售人员得到了飞跃式的成长，以前大家对准入望而生畏，现在觉得它就是一项只要练习就能掌握的技能。"

我："非常感谢两位的分享。我还想问最后一个问题：经过了21天训战营，你们的日常管理有哪些改变？"

Z经理："对我来说，首先是行为-成果逻辑这个管理看板，带着关键动作的管理抓手很好用。还有就是复盘总结。"

S经理："我印象最深的还是业务问题场景化，专注于探讨具体问题，提出的解决方案就是那些关键动作，合适的颗粒度让关键动作具有很强的指导性，还能举一反三。总体来说，21天训战营让我学会了'点穴式'的精准辅导。"

后记

本书的成稿，有太多的幕后英雄，我无法逐一鸣谢，但请允许我列出第一场敏捷绩效改进项目的成员：孙亚丽、高一辰、黄雪芳、潘建民、邹翔飞、马祥臣、焦健梅、魏明涛、曹琦。正是以上几位专业人士的通力合作，才让我顺利摸到了敏捷绩效改进的"第一块石头"，使后来的大量实践和总结成书成为可能。

回看我摸过的石头，一条绩效改进的新路径已经悄然形成，我特别期待与绩效改进的同人一起，把这条路径拓宽、走顺，最终走成敏捷绩效改进的"高速公路"。这也是劲华老师与我合著本书的初衷，我们要为这条未来的道路提供一张人人能懂、人人会走的导航地图。

从事培训开发和学习项目设计多年，我创建了太多的概念模型，"知行合一"双环模型™是到目前为止我最满意的一个模型。即使叠加了上百次的成功验证，我内心也一直保留着"理论担忧"，担心它是否经得起考验，是否有违绩效改进的基本理念。直到我看到了吉尔伯特的绩效潜力公式和绩效定义公式，这两个公式终于让我有了师出有名、名正言顺、顺理成章的畅快感。

和我截然不同，劲华老师是一个经典的"猫论"拥趸，他对我们经过实践检验的理论总结非常自信，这也在无形中给了我很大的信心。他对各种实践细节的洞察性见解和平实的文风极大地平衡了我乐于说理、偏于抽象的书写风格。正是我们迥异而互补的思维方式，才完成了本书的创作。

读者朋友如果对21天项目的完整实操和培训人在其中的心路历程感兴趣，可以收听我的语音小说《21天：从零到无穷大》。

叶 韬

反侵权盗版声明

电子工业出版社依法对本作品享有专有出版权。任何未经权利人书面许可，复制、销售或通过信息网络传播本作品的行为；歪曲、篡改、剽窃本作品的行为，均违反《中华人民共和国著作权法》，其行为人应承担相应的民事责任和行政责任，构成犯罪的，将被依法追究刑事责任。

为了维护市场秩序，保护权利人的合法权益，我社将依法查处和打击侵权盗版的单位和个人。欢迎社会各界人士积极举报侵权盗版行为，本社将奖励举报有功人员，并保证举报人的信息不被泄露。

举报电话：（010）88254396；（010）88258888

传　　真：（010）88254397

E-mail：dbqq@phei.com.cn

通信地址：北京市万寿路 173 信箱
　　　　　电子工业出版社总编办公室

邮　　编：100036